U0560029

蹴鞠的演变

青少年校园足球训练

青少年足球训练

中学校园足球联赛

高校足球比赛

社会足球比赛

足球课间操

中国足球中长期发展规划

（2016—2050年）

规划编制小组　编

100问

北京体育大学出版社

策划编辑　李　飞
责任编辑　孙宇辉
审稿编辑　李　飞
责任校对　王子涵
排　　版　李　鹤
版式设计　谭德毅

图书在版编目（CIP）数据

中国足球中长期发展规划（2016—2050年）100问 ／规划编
制小组编. -- 北京：北京体育大学出版社,2016.4
　　ISBN 978-7-5644-2240-0

Ⅰ. ①中… Ⅱ. ①规… Ⅲ. ①足球运动－体育事业－
发展战略－中国－2016～2050－问题解答 Ⅳ.①G843.92-44

中国版本图书馆CIP数据核字(2016)第084027号

中国足球中长期发展规划（2016—2050年）100问　　　　　　规划编制小组 编

出　　版：北京体育大学出版社
地　　址：北京市海淀区信息路48号
邮　　编：100084
邮购部：北京体育大学出版社读者服务部 010-62989432
发行部：010-62989320
网　　址：http://cbs.bsu.edu.cn
印　　刷：北京昌联印刷有限公司
开　　本：787×1092毫米　　1/16
印　　张：10.5
彩　　插：4
字　　数：178千字
成品尺寸：240×170毫米

2016年7月第1版第1次印刷
定　价：50.00 元
（本书因装订质量不合格本社发行部负责调换）

前　言

　　足球是世界第一运动，也是起源于我国的一项古老运动，深受广大人民群众喜爱。改革开放以来，我国经济社会快速发展，人民生活水平显著提高，群众对体育健身的需求日益增长。当前，我国正处于全面建设小康社会的关键时期，振兴和发展足球是全国人民的热切期盼，关系到群众身心健康和优秀文化培育，对于建设体育强国、促进经济社会发展、实现中华民族伟大复兴的中国梦具有重要意义。

　　自20世纪90年代启动职业足球进程以来，我国足球人口逐步扩大，校园足球加快普及，职业足球初具规模，社会足球蓬勃发展。但是，从整体上看，仍然存在对足球规律认识不足，发展理念滞后，发展基础薄弱，体制机制缺乏活力，行业风气和竞赛秩序混乱，运动成绩持续下滑等问题。

　　2015年2月，中共中央总书记习近平同志主持召开中央全面深化改革领导小组第十次会议，审议通过了《中国足球改革发展总体方案》，明确提出制定足球中长期发展规划（以下简称"规划"）和全国足球场地设施建设规划。2015年4月，刘延东副总理主持召开"全国足球改革发展部级联席会议"，对规划的总体思路、重点任务、组织实施等提出了明确要求。根据会议精神，发展改革委会同有关部门成立了规划编制小组，先后赴7个省市开展调研，实地走访学校、俱乐部、足协、街道社区等单位，组织召开多次会议，与地方有关部门同志、相关专家学者、足协工作人员、球员、教练、教师、学生和家长，以及俱乐部经营管理人员等座谈交流，充分听取各方意见。委托研究机构开展"足球发展国际比较"课题研究，形成专项研究报告。在规划文稿形成后，征求了相关部门意见，并针对任务目标等重点、难点问题，召开中央部门、专家学者、地方有关部门同志参加的专题研讨会，共同研究，充分论证。2016年4月6日，经国务院同意，正式印发《中国足球中长期发展规划（2016—2050年）》。

　　《规划》以服务于人的全面发展为宗旨，以改革创新为动力，以足球普及为导向，提出了"三步走"的战略目标，明确了足球中长期发展的主要任务和"十三五"时期的重点工程。《规划》的出台，将有助于夯实我国足球发展的制度基础、人才基础、设施基础和社会基础，不断提升足球运动的发展规模和质量，增强全民族的身体素质和健康水平。随着《规划》的贯彻实施，我国足球运动必将迎来新的发展阶段，为实现足球崛起梦、体育强国梦、民族复兴梦做出新的贡献。

编委会

2016 年 5 月

目 录

五、中国足球发展愿景 / 51

六、中国足球发展的重大举措 / 57

一、足球基础知识

1. 为什么说足球最早起源于中国？

足球运动是一项古老的体育活动，源远流长。2004年初，国际足联确认足球起源于中国，"蹴鞠"是有史料记载的最早的足球活动。

最早的历史记录

蹴鞠又名"蹋鞠""蹴球""蹴圆""筑球""踢圆"等，"蹴"即用脚踢，"鞠"系皮制的球，"蹴鞠"就是用脚踢球，它是中国一项古老的体育运动。最早的记载出现在《战国策·齐策》，苏秦做了赵国宰相，为赵合纵，联齐抗秦，他出使齐国对齐宣王说："……临淄甚富而实，其民无不吹竽、鼓瑟、击筑、弹琴、斗鸡、走犬、六博、蹋鞠者。"由此可见，齐宣王（公元前319年—公元前301年）时，距今两千三百多年前，在齐国临淄就已经广泛地开展了蹴鞠运动。这段话亦被引用在司马迁（公元前145—前90年）《史记·苏秦列传》中，临淄城有七万户，人民富庶殷实，"其民无不吹竽鼓瑟，弹琴击筑，斗鸡走狗，六博蹋鞠者"。西汉刘向（约公元前77年—公元前6年）在《别录》中提到："蹴鞠者，传言黄帝所作……蹴鞠，兵势也，所以练武士知有材也。"

图 1 蹴鞠示意图
资料来源：《临淄的蹴鞠　世界的足球》，
徐州日报，2011 年
http://epaper.cnxz.com.cn/xzrb/html/2011-
08/16/content_579326.htm

蹴鞠的发展演变

蹴鞠在汉代与唐宋间经历了发展到高潮的过程。汉代蹴鞠的发展分为两个方向，一是作为军事训练手段，二是从自娱性休闲娱乐发展为观赏性表演娱乐。经汉高祖的富民政策与文景之治，人民在生活富裕之余产生精神追求，再加上"丝绸之路"的开通，许多体育项目演变为表演娱乐节目，蹴鞠即为其中之一。及至唐宋时期，蹴鞠的发展达到高潮。原本的二人对踢发展成三人、四人、五人甚至九人轮踢，竞赛方面也有创新，比赛不再是单纯的直接对抗，而是以射门竞赛，同时出现了高球门、充气球。宋代开国君臣大多是军官出身，喜爱运动，极力推行蹴鞠。当时，蹴鞠表演是宫廷宴会的娱乐项目，也是接待外国使臣的主要节目。随着蹴鞠活动的进一步平民化，专业的民间组织开始出现。

最早的民间蹴鞠组织

宋代出现了民间蹴鞠组织，时称"齐云社"或"圆社"，专门推广蹴鞠活动和比赛。据《蹴鞠谱》记述，该球社在京城产生了一定的影响，流传着"若论风流，无过圆社"，"人都道齐云一社，三锦独争先"。这些话都是对球社的反映和称誉。参加球社的人，要遵守社规，如不许做"人步拐、退步踏；人步肩、退步背"等危险动作。还规定"狂风起不踢，酒后不可踢"等，提出了踢球时应注意的运动卫生规范。

图 2 古代蹴鞠运动示意图
资料来源: http://wenku.sc115.com/jiaoyu/142799.html

史上第一份首发名单

南宋《武林旧事》曾列出了"筑球三十二人"竞赛时两队的名单与位置："左军一十六人：球头张俊、跷球王怜、正挟朱选、头挟施泽、左竿网丁诠、右竿网张林、散立胡椿等；右军一十六人：球头李正、跷球朱珍、正挟朱选、副挟张宁、左竿网徐宾、右竿网王用、散立陈俊等。"这恐怕是历史上的第一份足球"首发名单"了。

足球起源地的确认过程

1985年7月，国际足联前任主席阿维兰热博士来中国时曾表示：足球起源于中国。在中国举办的首届"柯达杯"世界少年足球锦标赛开幕式上，当时的国际足联主席阿维兰热先生在致辞中说，足球运动起源于这里，并且有两千多年的历史，这是无可争议的。当时担任国际足联技术委员会主任的布拉特说，足球起源于中国，后来通过战争传播到了西方。

2001年时任国际足联主席布拉特在亚洲足联举办的教练员训练班上所作的《国际足球发展史报告》中，再一次强调："足球发源于中国。"

2002年3月16日，球王贝利到中国访问。受中国旅游总局的委托，徐州师范大学的体育史学者刘秉果教授在长城脚下为贝利先生安排了一场汉代蹴鞠表演，引起了贝利先生的极大兴趣，当场他和中国足球队前主教练米卢蒂诺维奇先生一起加入"表演"。

2004年2月4日，国际足联副秘书长热罗姆·项帕涅在伦敦举行的新闻发布会上正式宣布："虽然不少国家认为自己是足球发源地，但历史学家以确切的证据表明，足球起源于中国的蹴鞠。"

2004年5月8日，国际足联主席布拉特前往吉隆坡参加亚足联成立50周年庆典活动，他在接见中国代表团时明确表示，经过专家考证，足球运动起源于中国古代的蹴鞠，并向中国足协颁发了"足球运动起源于中国"的象征性奖杯。

2004年7月15日，亚足联秘书长维拉潘先生代表国际足联和亚足联，在北京举行的第三届中国国际足球博览会开幕式后召开的足球起源新闻发布会上，正式宣布中国是足球的起源地。

2005年5月20日，在瑞士苏黎世举行的国际足联百年庆典闭幕式上，国际足联主席布拉特先生为足球起源地临淄颁发了《足球起源地证书》。国际足联秘书长乌斯·林茨题词：因为我的名字叫林茨，所以我对足球起源于临淄更感到骄傲，感谢中国为世界创造了足球！

2. 为什么说现代足球运动诞生于英国？

现代足球是由英国人首先提出并加以推广的，与过去各种类似足球的运动相比，内容上具有革命性的突破，包含固定的比赛时间、场地、球门、球网、充气的球（不太轻、不太重、滚动快），有裁判、场上位置的分工和确定的规则。1863年，现代足球运动在英国诞生，揭开了足球发展的新的历史篇章。

初设比赛规则

19世纪初期，足球运动在欧洲及拉美一些国家，特别是在资本主义的英国已经相当盛行，但比赛规则各不相同，也没有组织地方球队。那时的比赛相当粗野、激烈，有的队员故意踢对方的小腿而不是踢球，简直和斗殴毫无二致。随着此项运动日益普及，不仅参与者乐在其中，旁观者也全情投入，规则的重要性逐步凸显。在不同球队间的自发比赛中，由于日常规则不同，比赛失去了公平竞技的基础。而英国人最重视的美德之一，便是"费厄泼赖"（Fair Play）。

1848年，剑桥的足球爱好者们推出了"剑桥足球法典"，对于现代足球的基本游戏规则做出初步界定。其中一项基本规则把现代足球和橄榄球进行了区分，即用脚踢的是足球，手脚并用的是橄榄球。

规则确定后，在人口密度极大又缺乏其他娱乐方式的大型新兴工业城市，足球运动发展得更为迅速。在曼彻斯特、谢菲尔德、伯明翰、纽卡斯尔、格拉斯哥、利物浦和伦敦等地区，城市人口猛然暴涨，人们之间缺乏交流，一场足球赛，特别是能代表社团之间、厂矿之间或学校之间荣誉和友谊的足球赛，往往是千百人聚会社交的好机会。自然而然地，因足球而结缘的足球俱乐部出现了。

始建足球俱乐部

1855年，世界上第一个足球俱乐部，谢菲尔德足球俱乐部（Sheffield FC）成立，此后各种足球俱乐部在各地涌现。由于谢菲尔德足球俱乐部在第二次世界大战之后消亡，现存最古老的足球俱乐部是1862年成立的诺茨郡（现英乙）足球俱乐部。其他一些老牌俱乐部还包括：诞生于1863年的斯托克城（现英超）、1865年组建曾两夺欧洲冠军杯的诺丁汉森林（现英甲）、1866年成立的切斯特菲尔德（现英乙）和1867年成立的谢菲尔德星期三队（现英乙）。

足球俱乐部的数量日益增多，彼此之间的友谊赛也随之增多。由于俱乐部成员往往来自同一地区、同一行业或同一宗教社区，因此友谊赛也有着不同地区、不同行业

的支持者，争夺的往往是本地区、本社群的荣耀，从而使得观众对这项本就十分刺激的运动更加向往。虽然足球比赛持续增多，但缺乏统一的管理者，比赛没有规律性，仍然无法满足观众的需求，于是一些俱乐部之间开始组织一个统一的协调机构。

足球协会的诞生

1863年10月26日，在伦敦皇后大街弗里马森旅馆成立了世界第一个足球协会——英格兰足球协会（Football Association）。会上宣布英格兰足协正式成立，制定和通过了世界上第一部较为统一的足球竞赛规则，并以文字形式记载下来。该足球规则共14条，是现今足球规则的基础。英格兰足球协会的诞生，标志着足球运动的发展进入了一个崭新的阶段。因而，人们公认1863年10月26日，即英格兰足球协会成立之日为现代足球的诞生日。

足球赛事活动

英格兰足协的成立带动了欧洲和拉美一些国家足球运动的蓬勃发展，1872年11月30日英格兰和苏格兰之间进行了历史上第一次协会间的比赛——英格兰足总挑战杯（The Football Association Challenge Cup，简称FA Cup）比赛。这项赛事便是今天的足总杯，也是世界上最古老的足球赛事。1872年参加首届足总杯的只有15支球队，决赛中博尔顿队1比0小胜皇家工程师队夺冠，成为现代足球历史上的第一支冠军球队。1875—1885年期间，各郡县和地区掀起足协成立热潮，并分别组织了各类足球赛事活动，激发了数百只新球队的参与热情。到了21世纪，每年参加足总杯的球队都在600支以上。1890年奥地利开始举办足球锦标赛，1889年荷兰和阿根廷出现了若干足球组织，1900年西班牙巴塞罗那成立了"加泰罗尼亚"足球协会。这些发展，为创建国际性的足球组织创造了条件。

国际性足球组织

1904年5月21日，国际足球协会联合会，简称国际足联（FIFA），在法国巴黎圣奥诺雷街229号——法国体育运动协会联盟驻地后楼正式成立，英国、法国、荷兰、比利时、西班牙、瑞典和瑞士等7个国家的代表和代理人在有关文件上签字。同年5月23日，国际足联召开了第一届全体代表大会，法国的罗伯特·盖林被推选为第一任主席。

从1900年的第2届奥运会开始，足球被列为奥运会正式比赛项目，但不允许职业运动员参加。自1930年起，每四年举办一次世界足球锦标赛（又称世界杯足球赛），比赛取消了对职业运动员的限制。现代足球逐步走向世界第一运动。

3. 为什么说足球是世界第一运动？

　　足球是世界上公认的第一运动，参与范围最广，社会影响最大，四年一度的世界杯更是广大球迷的盛宴。据不完全统计，现在世界上经常参加比赛的球队约80万支，登记注册的运动员约4 000万人，其中职业运动员约10万人。全世界约有8亿球迷，世界杯期间观看人数高达20亿人次，全球从事足球产业的人数达1亿人。足球运动之所以能成为最受欢迎的体育项目，在于其不可抗拒的魅力（见图3）。

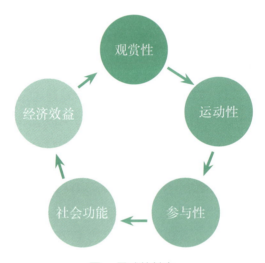

图 3　足球的魅力

　　足球的观赏性。足球运动竞争激烈、对抗性强，技战术复杂，比赛时间长。足球比赛分上下半场，局势风云变幻，任何事情都可能发生。一个漂亮的进球，一个充满创造力的技术动作，一次激烈的冲突，任何细节都可能为人们津津乐道成为经典。足球入网的一刹那，就像是平静的水面突起波澜，激情就在此刻点燃。

　　足球的运动性。足球本身结合了运动中的诸多要素于一身。运动员之间的突然起动，竞跑争球，展现了短跑的速度；守门员上纵下跳，横扑侧扑，表现了跳高的舒展；运动员倒挂金钩，鱼跃冲顶，融合了体操的柔韧；运动员之间的合理冲撞，体现了橄榄球的激情；球队内部的相互配合，展示了技术战术之美。

　　足球的参与性。足球比赛规则简单，易于开展。对场地、设备没有过多要求，一个球、一块平地、几个人就可以开展足球运动。无论是小时候追着球乱踢，还是

长大之后有了阵型和踢法，都一样乐在其中。足球是团队运动，在目前主流的团体项目赛制中，足球比赛的每场参与人数最多。足球的观众广泛，十几万观众围坐宽阔的绿茵场，看起来气势恢宏、激动人心。

足球的社会功能。 足球可以给饱经战争困扰的人民带来一丝希望，有时甚至可以影响政治斗争的进程。1970年，贝利在内战纷飞的尼日利亚首都拉各斯踢了一场表演赛，为此政府军和反对派军队达成协议，停火48小时一起观看贝利踢球。足球还成为不少国家领导人热衷谈论的运动。2014年世界杯期间，哥斯达黎加从"死亡小组"顺利出线后，总统索利斯宣布举国放假看球。

足球的经济效益。 足球创造了极大的经济效益，足球赛事收入多元化，包括球员转会、球衣开发权、球赛转播权等收益，同时刺激国民消费，带动制造业、广告业、服务业、旅游业等相关产业的发展，增加就业机会。2010年世界杯足球赛为南非带来了约18亿美元直接收益，拉动南非经济增长0.5个百分点，场馆建设、交通改造等也对南非经济起到促进作用。

足球运动有着如此丰富的内涵和感染力，是一种艺术，也是一种享受。毫无疑问，它是当之无愧的"世界第一运动"。

4. 全球有哪些重要的足球赛事活动？

重要的足球赛事活动，包括全球性的、区域性的以及各国国内的顶级联赛。以下为部分有代表性的重要赛事活动。

（1）全球性足球赛事活动

● **国际足联世界杯**

国际足联世界杯（FIFA World Cup），简称世界杯，是世界上荣誉最高、规格最高、竞技水平最高、知名度最高的足球比赛，四年一届，与奥运会并称为全球体育两大顶级赛事。其影响力和转播覆盖率甚至超过奥运会。世界杯是全球各个国家在足球领域最梦寐以求的神圣荣耀，也是各个国家（或地区）所有足球运动员的终极梦想。

● 国际足联世界俱乐部杯

国际足联世界俱乐部杯（FIFA Club World Cup），简称世俱杯，是一项由国际足联主办，来自六大洲顶级球队参与的国际性足球锦标赛。世俱杯是国际足联着力推广的一项国际足球赛事，旨在让全世界各大洲的冠军能像世界杯一样捉对厮杀，让各大洲俱乐部也拥有一个世界级别的赛事。

● 女足世界杯

女足世界杯（The Women's World Cup）由前国际足联主席阿维兰热推动设立。1991年，历史上第1届女足世界杯在中国广州举行，其后该赛事每四年举办一届。截至2015年，女足世界杯已经举办了7届。随着赛事影响力逐步扩大，女足世界杯已经成为一项举世瞩目的体育赛事。

● 国际足联U20世界杯足球赛

国际足联U20世界杯足球赛（FIFA U-20 World Cup，原名FIFA World Youth Championship），简称"世青赛"或"世青杯"，是由国际足联举办的20岁以下男子青年足球锦标赛。有多位世界足球巨星都是在这项比赛中崭露头角，例如马拉多纳（1979年）、达沃·苏克（1987年）、路易斯·菲戈（1991年）、欧文（1997年）、梅西（2005年）等。

● 世界室内5人制足球锦标赛

世界室内5人制足球锦标赛（FIFA Futsal World Championship，或称Futsal World Cup），简称室内足球世界杯，是一项由国际足联举办的最高级别的国际性室内足球赛事，每四年一届。首届赛事于1989年在荷兰举行。

（2）区域性足球赛事活动

● 区域性俱乐部足球赛事

欧洲冠军联赛（UEFA Champions League）。简称欧冠，前身是欧洲俱乐部冠军杯，1992/1993赛季，欧足联对这项杯赛的赛制和名称正式进行了修改。欧冠是欧洲足球协会联盟主办的年度足球比赛，代表欧洲俱乐部足球最高荣誉和水平，被认为是全世界最具影响力、最高水平的俱乐部赛事，亦是世界上奖金最高的足球赛事和体育赛事之一，每届赛事约有超过10亿电视观众观看。

● 南美解放者杯

南美解放者杯（Copa Libertadores de América）。南美洲顶级俱乐部间的重要国际赛事，由南美洲足协于1960年首次举办。目前，此项赛事的参赛队伍来自11个国家，其中包括10个南美洲国家和北美洲国家墨西哥。赛制包括分组赛、淘汰赛和外围赛。

亚洲足球俱乐部冠军联赛（AFC Champions League）。简称亚冠联赛，由亚洲俱乐部冠军杯简称亚俱杯和亚洲优胜者杯合并而来，改制后于2002/2003赛季举行。亚冠联赛是亚洲最高等级的足球俱乐部赛事，相当于欧洲的欧洲冠军联赛及南美洲的南美解放者杯，高于亚足联杯和亚足联主席杯，获得冠军的球队将代表亚洲参加当年12月举行的世俱杯。

● 区域性国家级足球赛事

美洲杯（Copa América）。是一项由南美足协主办的南美洲最高水平的国家级足球赛事，其前身为南美足球锦标赛，亦是全世界历史最悠久的足球赛事。1916年7月为庆祝阿根廷独立一百周年，在当时的阿根廷总统伊里戈延的倡议下设立，于独立日期间在阿根廷举行首届赛事。其相隔举行时间常常出现变化，自1959年以后，为每四年举办一次。

亚洲杯（AFC Asian Cup）。由亚洲足联举办，是世界上除了美洲杯以外历史最悠久的洲际国家队比赛，比第1届欧锦赛还要早四年创办。亚洲杯也是亚洲地区最高级别的国家级赛事，参赛球队必须是亚洲足联成员。从1997年开始，亚洲杯冠军代表亚洲足联参加国际足联联合会杯。每四年举办一届。

欧洲杯（European Football Championship）。也称欧锦赛，全称欧洲足球锦标赛，是一项由欧洲足球协会联盟举办，欧洲足协成员国参加的最高级别国家级足球赛事。于1960年举办第1届，其后每四年举行一届。设立该项赛事目的是填补两届世界杯足球赛之间的空白，从而让欧洲各国有更多的比赛机会。

非洲杯（Africa Nations Cup）。全称非洲国家杯，由非洲足联主办，是非洲大陆最高规格的国家队比赛，地位等同于欧洲杯、美洲杯和亚洲杯等其他大洲的洲际大赛。第1届非洲杯于1957年举行，自1968年开始，确定为每两年举办一届。由于赛事改制，在2012年和2013年连续举办了两届非洲杯，之后仍为两年一届。

东亚杯（EAFF East Asian Cup）。前称东亚足球锦标赛（East Asian Football Championship），决赛周又称东亚四强赛，是由东亚足球协会主办的足球赛事，每两年举行一次，由东亚足球协会的所属会员派队角逐。东亚杯初期只有男子组比赛，2005年第2届赛事起增设女子组。

（3）各国国内足球赛事活动

● 欧洲足球五大联赛

欧洲足球五大联赛是指欧洲足球联赛中影响力以及竞技水平排名前五的联赛，传统为英格兰足球超级联赛（简称英超）、意大利足球甲级联赛（简称意甲）、德国足球甲级联赛（简称德甲）、西班牙足球甲级联赛（简称西甲）、法国足球甲级联赛（简称法甲）。五大联赛代表着世界足坛顶尖的足球水平，吸引了众多球星加盟，是世界足球发展的风向标。

● 巴西足球甲级联赛

巴西足球甲级联赛（Campeonato Brasileiro Série A），简称巴甲，由巴西足球协会举办，是巴西最高等级职业足球联赛，设立于1971年。巴甲具有强大的足坛造血功能，巴西天才巨星都出自于此，每年向世界各地输送球员数量是世界之最。与欧洲看重团队配合不同，巴甲强调个人技术极限，崇尚英雄主义足球。

● 阿根廷足球甲级联赛

阿根廷足球甲级联赛（La Primera división del fútbol argentino），简称阿甲，由阿根廷足球协会主办，是阿根廷最高级别的足球联赛。该联赛成立于1893年，职业化联赛成立于1931年，现有30支球队参赛。2014年改革确定新赛季引入"德比战"制度。阿甲的冠军和亚军得主将直接获得来年的解放者杯小组赛参赛资格。

● 智利足球甲级联赛

智利足球甲级联赛（Chile Campeonato Nacional）由智利足球协会主办，是智利最高等级的足球联赛，于1933年首次举办，迄今已经过96个赛季。联赛采取双循环方式进行，2015—2016赛季有16支队伍参加角逐，排名在最后3名的队伍将被降级到乙级联赛。

● 中国足球协会超级联赛

中国足球协会超级联赛（Chinese Football Association Super League），简称中超联赛，由中国足球协会组织，是中国大陆地区最高水平的足球职业联赛，

由最优秀的职业足球俱乐部参加。联赛前身为中国足球甲级A组联赛。2004年，在总结十年职业足球的基础上，为进一步提升中国职业足球竞赛水平和品牌，正式推出中超联赛。

● 日本职业足球联赛

日本职业足球联赛（日本プロサッカーリーグ，J.LEAGUE）是日本最高等级的职业足球联赛，于1993年举办首届赛事，是亚洲最重要的足球联赛之一。其成立之初为单一联赛，1998年分裂为甲组联赛（简称：J1）及乙组联赛（简称：J2），同时设有升降级制度。从2015赛季起，J1联赛更改为两阶段赛事。

● 韩国职业足球联赛

韩国职业足球联赛（K-League）创立于1983年，当时名为韩国超级联赛。在1994年，韩国足协改组韩国职业足球联赛，命名为K联赛。K联赛是韩国唯一的职业足球联赛，共有15支队伍，是一个没有联赛队伍升降级制度的封闭联赛。大部分的韩国足球甲级联赛球队都由大韩民国财团赞助的。

5. 全球有哪些足球协会组织？

（1）国际足球联合会

国际足球联合会（Fédération Internationale de Football Association，FIFA），简称国际足联，是国际单项体育联合会总会成员。国际足联下设欧、亚、非、中北美和加勒比、南美、大洋洲6个地区性组织。其宗旨是促进国际足球运动的开展，发展各国足球协会之间的友好联系。

（2）洲际足球联合会

同一洲的协会所组成的洲际足球联合会，包括南美足球联合会、亚洲足球联合会、欧洲足球联合会、非洲足球联合会、北美、中美及加勒比海足球联合会、大洋洲足球联合会。如，亚洲足球联合会（Asian Football Confederation），简称亚足联，于1954年成立，现有46个会员协会和1个准会员协会（北马里亚纳群岛足协），总部设在马来西亚吉隆坡。亚足联的宗旨是促进亚洲足球运动的开展，增进亚洲足球界之间的友谊，按照国际足球联合会的有关规定组织亚洲地区的足球比赛。

（3）国家级足球协会

绝大部分国家和地区都拥有自己的足球协会。在我国，中国足球协会成立于1955年，是中国足球运动的管理机构，也是亚洲足球联合会及国际足球联合会的成员。它是代表我国参加国际足球组织的唯一合法机构，主要负责团结联系全国足球力量，推广足球运动，培养足球人才，制定行业标准，发展完善职业联赛体系，建设管理国家足球队足协的宗旨是：团结全国足球工作者，广泛开展足球运动，大力发展足球事业，为增强人民体质、丰富群众业余文化生活、提高足球运动水平和加强社会精神文明建设服务；加强各会员之间的联系与交流，努力完善中国足球管理体制和运行机制，促进各会员协会、职业足球俱乐部及其他足球组织管理水平的提高；积极参加国际足球联合会和亚洲足球联合会的正式比赛和活动，促进国际交流，增进与各个国家和地区足球协会、俱乐部和运动员之间的友谊。

6. 国际足联是一个什么样的机构？

国际足球联合会，简称国际足联，由比利时、法国、丹麦、西班牙、瑞典、荷兰和瑞士倡议，于1904年5月21日在法国巴黎成立。协会现有会员209个。

国际足联下设欧洲、亚洲、非洲、中北美和加勒比地区、南美洲、大洋洲6个地区性组织，其总部于1932年由法国巴黎移至瑞士苏黎世。中国足球协会是国际足联的会员。

● **国际足联的任务**

促进足球运动的发展；通过组织各级（业余、非业余、职业）比赛及其他方式，发展协会会员、官员和运动员之间的友好往来；贯彻联合会的章程、代表大会决议和比赛规则；禁止种族、政治和宗教信仰歧视。

● **国际足联的宗旨**

促进国际足球运动的开展，发展各国足球协会之间的友好联系。本着足球运动的团结、教育、文化和人道主义价值，特别是通过各项青少年和发展计划，促进该运动在全球的持续发展和提高。组织国际比赛，制定规章制度并保证其实施。采取

适当措施，防止任何违反章程、规定、国际足联决定或《比赛规则》的行为，监管各种类型的协会足球。杜绝出现任何可能危害比赛完整以及滥用足球的行为。

● **国际足联的职能机构**

国际足联的最高权力机构是代表大会，每两年举行一次。每个正式会员在大会上有一票表决权。国际足联主席由代表大会选出，任期四年。代表大会闭会期间由21人组成的执行委员会行使管理权。执委会中的副主席和执委由各洲联合会根据名额选派。国际足联下设财务委员会、审计与合规委员会、战略委员会、裁判委员会、足球委员会、运动医学委员会、发展委员会、球员身份委员会、法律事务委员会、公平竞赛与社会责任委员会、新闻和出版委员会、会员协会委员会、市场推广和电视转播委员会、场馆和安保委员会等常务委员会。

7. 足球场地有哪几类？

足球场地分为标准的11人制足球场，非标准的5人制足球场、7人制足球场。足球场地规格为长方形，边线的长度必定大于球门线的长度。

（1）11人制足球场地标准

所有画线宽度不能超过12厘米。非国际比赛的标准为：长度（边线）90~120米，宽度（球门线）45~90米，宜按105米×68米设置。国际比赛的标准为：长度（边线）100~110米，宽度（球门线）64~75米。

（2）5人制足球场地标准

5人制足球场比赛场地长25~42米，宽16~25米。在比赛场地外应设置缓冲区。

（3）7人制足球场地标准

7人制足球场比赛场地长65~68米，宽45~48米，可将标准足球场划分为2个7人制足球场，也可独立设置。

8. 足球俱乐部有哪几类？

　　足球俱乐部是足球运动的组织形式，分为职业足球俱乐部和业余足球俱乐部。职业足球俱乐部是自主经营、自负盈亏、自我约束、自我发展的企业化的法人实体，主要面向公众提供足球竞技比赛及相关产品。职业俱乐部以赢得球迷、扩大市场为目的，以足球竞技比赛为主营业务，实现利益最大化，从而极大地促进了竞技足球运动水平的提高。我国现有中超、中甲、中乙共52家职业足球俱乐部。业余足球俱乐部是由业余足球爱好者自发成立，实行自我管理、自我训练、自我服务的非营利性组织，如成年人业余足球俱乐部和青少年业余足球俱乐部。它们以互益为基本宗旨，所有收费及开展活动所赚取的费用为其自身存在和发展服务。

9. 什么是职业球员？

　　足球运动员分为职业球员和业余球员。职业球员是指年满18周岁，按照相关管理规定进行注册，并与职业俱乐部签订了书面劳动合同，以从事足球活动的收入作为其主要经济来源的球员。中国足协规定，只有按照《中国足球协会注册工作管理暂行规定》办理注册手续的球员方有资格参加中国足协主办的各级各类足球赛事和足球活动。球员一经注册，即表明其同意遵守国际足联、亚足联、中国足协及其会员协会制定的各项管理规范。

10. 足球教练员和裁判分哪几级？

　　在我国，足球教练员管理采取与亚足联接轨的分级管理模式，由低到高依次为D级、C级、B级、A级和职业级共5个级别。其中，D级、C级由各地方协会根据本地区需求和承办能力来筹备培训班，中国足协指派讲师进行授课和考核；B级、A级和职业级由中国足协承办和组织培训，学员由各地方足协,俱乐部推荐。学员须在上

一级别教练员课程中学习期满、考核合格后，并经过2年实践带队经验积累，才可以申报下一级别的教练员培训班。在国际上，欧足联的教练员培训体系最严格且最完善，主要采取类似分级管理模式。比如，在英国，足球教练员等级主要分为1级教练、2级教练、欧足联B级教练、欧足联A级教练、欧足联职业教练共5个级别。如果想在英超做主教练，必须拥有欧足联职业教练证，也就是教练资格的最高级。

在我国，11人制足球裁判等级按照国际惯例，分为国际级、国家级、一级、二级、三级5个级别。其中，一、二、三级裁判由地方会员协会审批；国家级由中国足协审批。中国足协裁判委员会每年按照国际足联规定的名额向其推荐国际级裁判人选，由国际足联审批。其中包括国际级裁判、国际级助理裁判、女子国际级裁判、女子国际级助理裁判。

二、国际足球发展经验

11. 足球先进国家有足球发展规划吗？

足球先进国家通常是指拥有足球文化底蕴深、足球人口众多、足球竞技水平相对较高、足球产业较为发达的国家。我国大众认知中的足球先进国家，如欧洲的英国、法国、德国、西班牙、意大利、荷兰，拉丁美洲的巴西、阿根廷，亚洲的日本、韩国等。这些国家的足球运动起步较早，拥有大量足球人口和世界知名的足球联赛，培养了众多优秀球星和教练员，且积极参与国际足球事务治理。

近年来，一些足球先进国家为了进一步推动本国足球运动的开展，也出台了各有侧重的足球发展战略规划。例如，2000年，德国足协为了解决国家队和职业联赛战绩不佳的问题，从导致德国足球衰败的根源——"青训体系缺失"入手，制定了名为"培养天才"的《足球复兴十年计划》。该计划的目标分为三个层次：第一是让德国足球站在世界之巅，在欧洲杯、世界杯和奥运会名列前茅；第二，感受快乐，不管是初学者还是顶尖球员都能找到一份乐趣；第三，使足球运动成为健康的保障。在青训复兴计划的帮助下，德国队开始触底反弹，于2010年南非世界杯上获得季军，在2014年巴西世界杯上获得冠军。

专栏：德国《足球复兴十年计划》的"三步走"战略

在具体操作方面，德国足协在《足球复兴十年计划》中青训计划定为"三步走"战略：

第一步，首先从最底层的草根足球开始，改革基层地区足协体系。广泛建立训练基地，制定全德统一的训练计划并提供财政支持。这一步的目的是培养青少年足球兴趣，为他们提供良好的运动环境，并从中选拔有潜力的球员，给青少年球员和职业足球俱乐部提供双向选择机会。

第二步，联络协调俱乐部，通过足协制定的政策推动俱乐部重视并发展青少年足球。根据德国足协要求，自2002年开始，德国足球甲级联赛（德甲）和乙级联赛（德乙）的36支球队必须设立自身的青训中心，否则将被取消参加联赛资格。同时，青训中心需配备全职教练、寄宿制学校和充足的场地等基础设施。据德国足协统计，2000年至今，足协对基层地区

和俱乐部青少年足球发展投入超过5亿欧元。

第三步，与学校展开合作，建立双轨系统，从小培养球员全面技能，为他们未来融入社会生活提供充分保障。足球学校和青训中心与学校展开合作，培养孩子在文化知识、动手能力、技工技能等方面的能力和兴趣，保障不能成为职业球员的孩子同样能在社会中找到自己的位置。

（资料来源：德国足球——十年努力成功实现复兴，http://world.cankaoxiaoxi.com/2014/0619/402751.shtm）

亚洲足球强国日本和韩国也分别制定了足球发展中长期规划。早在1994年，为提高日本足球整体水平，日本足协便开始着手制定《日本足球百年梦想》，也就是俗称的"百年计划"。整个计划细致入微，涵盖了青少年培养、职业联赛、体教结合、国字号训练比赛等所有足球领域，时间单位甚至细致到星期。该计划的"百年梦想"是：到2050年足球人口达到1 000万，占日本总人口的10%；再举办一次世界杯并获得冠军。2013年，韩国足协在成立80周年庆典上，发布了《展望'Hat-Trick'2033》。规划不仅阐明了韩国国家队未来发展的目标，还涉及韩国全民足球的发展。包括三大核心价值，即"梦想""享受""分享"；以及五大发展目标，即提升竞争力、人才培育、制度改革、扩大足球产业和建设新的文化。

12. 足球先进国家主要有哪些促进足球发展的政策？

足球先进国家通过制定和实施相关政策，以达到规制、扶持和调整职业足球发展，同时维系足球的若干传统体育价值的目的（见表1）。

一是电视转播权出售政策。比赛转播内容的产权主要涉及转播权集中出售的问题，这一问题也引发了各国政府的密切关注和积极介入。对于转播权的购买方来说，大俱乐部参与的比赛通常拥有较高的经济价值，可以获得更高的收视率以及广告商的青睐；而对于大俱乐部来说，单独签订转播合同意味着不需要与中小俱乐部进行集体出售下的收入分配，从而获得更高的收入。因此，如果谈判权和收入分配权不属于联盟而归属各个俱乐部，中小俱乐部必然会在谈判中处于弱势地位，其利益受到影响，而联赛转播整体收入也难以实现最优化。这就需要职业足球管理者通过政策进行制度上的合理安排。从现实情况来看，英国和德国政府的反垄断部门，在同意保留俱乐部参加欧洲赛事的转播权单独出售的基础上，规定了国内赛事的转播权集体出售制度，这一政策设置既保证了联赛中小俱乐部的利益。例如，也没有过度损害大俱乐部的利益；意大利政府曾经立法要求俱乐部单独出售转播权，但在十多年的发展中，出现了俱乐部收入差距扩大和联赛整体收入下降的事实，意大利政府再次通过出台法案，调整出售和分配模式，俱乐部之间收入差距减小，而联赛整体转播收入则得以提升。西班牙政府长期要求俱乐部单独出售转播权，其国内俱乐部转播收入差距巨大，而政府也在筹划出台规定集体转播制度的政策。

二是俱乐部所有者产权政策。产权设置的差异首先表现在职业俱乐部和联赛(尤其是最具经济价值的顶级联赛)的所有权方面。英国的职业足球管理者倾向于在一定政策规范下允许多种资本进入职业俱乐部，在实现联赛商业化运营的同时，也不可避免地带来了一定的风险。德国的管理者在允许外资进入的同时，通过法律强制规定会员控股的份额，从而限制了外资收购行为，降低了运营风险，但也在一定程度上限制了产业的发展。意大利和西班牙的职业足球管理者并未实施导向性明确的政策。意大利俱乐部主要为国内企业或个人所有。西班牙的少数俱乐部还保留了最原始的会员制模式。

三是足球场馆建设的所有权政策。产权归属的问题涉及体育场馆的所有权和收入权。当职业俱乐部拥有体育场馆的所有权或收入权时，可以通过开发场馆周边以及商业化的定价手段来提高比赛日收入。英国和德国的体育场馆收入权都归属俱乐部，俱乐部可以根据需求调整体育场馆相关产品供给。其中，德国俱乐部由于会员拥有对票价的决策权，故长期以来实施"低票价、高上座率"的商业模式，而英国俱乐部则倾向于最大限度地开发比赛的商业价值。在意大利，多数俱乐部仅拥有部分收入权，而不拥有体育场馆所有权，但政府已经出台了允许俱乐部建造自有体育场的法律，多家意大利俱乐部也开始了场馆建设工作；而西班牙政府则未针对体育场馆产权制定相应的政策，其国内俱乐部在体育场馆运营方面收入差距较大。

表1　英、德、意三国职业足球产业化政策比较

国别	电视转播权出售	俱乐部所有权	支持场馆建设
英国	集体出售转播权	允许外资控股	采用减税方式成立足球信托基金
德国	集体出售转播权	禁止外资控股	采用政府出资、政府担保第三方投资、政府低息贷款等方式
意大利	集体出售——单独出售——集体出售	允许外资控股	场馆所有权和使用权分离，许多地方政府拒绝俱乐部建设自有产权球场

资料来源：编者根据《欧洲国家职业足球产业政策研究——以英国、德国、西班牙、意大利为例》（杨铄，郑芳，丛湖平，2014）整理而得

13. 足球先进国家的管理体制有什么特色？

足球先进国家的管理体制可以分为两个层次：一是如何构建政府与足球协会的关系；二是如何构建足球协会和职业联盟的关系。

在政府和足协的关系上，足球先进国家主要有集权和分权两种模式。集权模式下，政府垂直领导，对足协采取目标管理方式；分权模式下政府仅使用法律法规等手段对足协进行宏观指导，具体业务管理由足协自行负责。韩国的足球管理体制即属于集权模式，政府作为足球运动的管理部门，以目标计划的形式向韩国足协提出要求，并设立各种相关制度以促进足球发展。英国、法国、德国采取分权模式。英格兰足球总会是英国足球的实质管理机构，其地位保持完全独立，与政府机构没有任何隶属关系，政府体育部门与英足总以合作的形式实现对足球运动的管理。在法国，足球运动由国家体育部与足协合作共管，体育部负责宏观管理与调控，足协负责具体事务，二者每年以契约的形式确定年度任务和发展目标，以及体育部对足协的经费支持。

在足协与职业联盟的关系处理上，一般而言，足协负责国家队的训练、比赛等相关事务，并在技术等方面为联赛提供帮助；而职业联盟通常独立管理职业联赛。例如，英国和意大利便是这种体制的典型。英格兰足总（相当于中国足协）与英格兰各级联赛组织的关系既保持相互独立，又密切协作。英格兰足总主要的经济来源是国家队比赛、足总杯赛以及相关商业活动，但并不插手俱乐部的具体经营和管理。此外，英格兰足总要确保超级联赛以及其他级别的联赛按足总制定的规则举行。与之相比，主管英格兰超级联赛的超级联盟则是一个完全独立的组织，负责英超联赛的赛事组织和赛程制定，还开展包括电视转播、赞助商、冠名权在内的联赛商务开发。意大利足球的管理模式和英国相似。意大利足协在帮助各地足球俱乐部完善和提高足球技术方面具有独特的影响和作用，尤其是在采集和通报国际足坛信息、足球技术的最新发展趋势等方面更是举足轻重。德国足协与职业联盟分工清楚，界限分明，并以合同形式明确管理权限和职责范围，职业联盟直接负责各级别联赛的赛事、经营以及对各职业俱乐部的管理，足协负责对其进行监管。

14. 足球先进国家足球协会主要发挥什么作用？

通常而言，足球先进国家的足球协会主要负责制定各项规章制度，批准各级各类比赛、球员注册和转会，管理裁判员、教练员以及国家队事务。如：

英格兰足总的职责主要包括赛事管理和人事管理两部分。其中，赛事管理是指制定、执行英超联赛规章制度以及管理英格兰足球协会四级联赛以下的各级联赛系统。人事管理是指对球员、裁判员、教练员等行业相关人员进行管理，包括球员注册、转会以及赛事裁判员的选派等，此外还负责维护行业纪律。

德国足协主要承担的职责是监督职业联盟内的各项活动，并且担任德国足球的"外交官"，即负责绝大部分对外沟通与交往活动的组织与管理。德国足协在处理与职业联盟及各职业俱乐部之间关系时，始终保持中立，与二者均没有特殊隶属关系。但职业联盟在组织运行德国足球甲、乙级联赛，设置更低级别联赛的赛事经营活动时，都会受到来自德国足协的监督。

法国足协主要负责管理法国的足球俱乐部，筹划国内足球赛事以及国家队的国际比赛。此外，还负责球员、教练员和裁判员的训练、选拔等工作。法国足协属于政府管辖的民间协会组织，管辖着地方性的足球联盟以及海外的足球联盟。

日本足协的主要职责包括：组织各个年龄段、各种类别的国家足球队参加国际比赛；举办全日本足球冠军锦标赛及其他竞技足球比赛；培养足球选手，普及竞技足

球运动、培养足球指导者及裁判员；对选手、球队、教练员及裁判员进行注册；对知识产权及商标进行管理。

15. 足球先进国家足球运动的参与程度有多高？

足球人口与国民总人口之比可以体现出一国的"足球参与程度"。在国际上，一般认为足球人口是指每周进行两次或两次以上足球活动的人口数量。足球先进国家的足球人口占总人口数比例很高，根据国际足联官方网站2006年公布的数据，德国人口8 238万人，足球人口约630万，占全部人口比例达7.67%；英国人口6 085万人，足球人口约484万，占全部人口比例7.95%；荷兰人口数1 635万人，足球人口约174万，占全部人口总数10.64%；韩国人口4 837万，足球人口约109万，占全部人口比例2.25%；日本人口1.28亿，足球人口约480万，占比3.75%（见图4）。此外，职业和业余足球俱乐部的数量也能反映足球运动的参与程度。例如：2006年加入法国足协的俱乐部为18 823个，意大利共16 128个，西班牙18 092个，巴西28 970个，阿根廷3 348个（参考图5）。

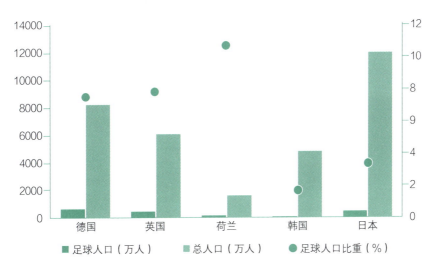

图4 足球先进国家足球人口及其比重
资料来源：编者根据国际足联官网数据绘制

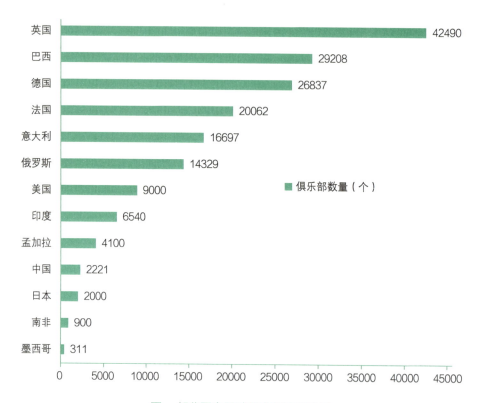

图 5　部分国家足球职业俱乐部数量
资料来源：编者根据国际足联官网数据绘制

16. 足球先进国家的场地拥有量是怎样的？

　　足球先进国家普遍重视足球场地基础设施建设。例如，英国的足球场地遍布各级城市乡镇，几乎每个市镇中心公园都建设了可以开展足球运动的草皮场地；德国目前对外开放的足球场地约有61 000块，平均每万人拥有足球场地7.4块；法国全国约有25 000块场地，平均每万人拥有足球场地4.4块。

17. 足球先进国家如何培养青少年球员？

足球先进国家对青少年后备力量的培养主要可以归纳为三种模式。

一是以俱乐部梯队为主的模式。欧洲足球强国大多以俱乐部培养为主，职业选手的培养起点一般为14岁，到17岁时，优秀选手将被选入俱乐部梯队继续深造。如荷兰阿贾克斯俱乐部的青少年培训系统，不断为俱乐部各个梯队输送新鲜血液。

二是以专业足球学校或培训机构为主的模式。以南美洲为例，南美足球的青少年培训模式主要是以足球学校为主，虽然每个俱乐部也有自己的青少年培训系统，但大部分俱乐部由于经济条件所限，无法建立起完备的青少年培训体系，遍布南美各地的足球学校就承担起了培养年轻运动员的责任。很多俱乐部都有自己合作的足球学校，这些学校定期为俱乐部输送运动员，如阿根廷罗萨里奥的雷纳托塞萨里尼足球学校经常会把优秀的小球员输送到河床俱乐部青年队。

三是以普通学校为主的模式。日本、韩国建立了以普通学校为主的足球后备人才培养体系，形成了从小学到大学各个层次的足球队、足球联赛及完善的选拔制度。在日本，足球项目被列入中小学必修课程。在足球教育活动中，学生的学训是一体的，学生运动员必须完成所规定的文化课程学习，并修满所需学分，在不影响学业的前提下适当开展足球训练活动。学校的足球训练课程主要采取兴趣班的培养方式，一般每周训练2~4次，特别注重身体锻炼、技能培养和文化学习相结合。中小学阶段的主要任务是培养学生对足球的兴趣，进行基本技术、战术的学习，并参与相应级别的比赛。高中联赛是学生运动员流向的分水岭，有潜力的学生球员会流向职业足球俱乐部。

18. 国际顶级足球职业俱乐部的主要收入从何而来？

国际顶级足球俱乐部的主要收入来源包括：销售球赛门票、获取广告及商业赞助、出售电视转播权、收取球员转会费以及销售俱乐部标志产品及其特许资格等。其中，欧洲职业足球俱乐部的营收模式主要分为四种：

　　一是以AC米兰、国际米兰为代表的高转播权收入模式。目前米兰俱乐部每赛季的电视转播收入是5 500万英镑，由于意大利一直采取各家俱乐部分别签订电视转播合同的做法，因此电视转播权收益占各个俱乐部全部收益的比重很高，约为50%~60%。

　　二是以曼联为代表的高门票收入模式。曼联俱乐部的门票收入平均占总收入的40%左右，是世界上门票绝对收入最高的俱乐部，这种模式的成功与英超俱乐部的经营理念及英国足球文化的长期积累密不可分。

　　三是以拜仁为代表的高经营开发权收入模式。拜仁俱乐部的经营开发收入占总收入的35%，经营内容包括商品销售、特许经营、商务开发等，这种模式得益于其高水平的专业经营管理团队。

　　四是以皇家马德里为代表的高商品销售收入模式。皇家马德里的市场运营主要依靠球星的影响，俱乐部拥有明星球员的部分肖像权并将其开发为各类实物商品和广告产品，使高商品销售收入模式成为可能。例如，皇家马德里拥有菲戈90%的肖像权，意味着菲戈每年能为俱乐部带来1 500万欧元的肖像权收入。

19. 足球先进国家的赛事有多丰富？

　　足球先进国家通常具有完整的多层次联赛体系，以保证一定时间或一定区域内比赛场次的数量。在联赛体系之外，还举办多种锦标赛。其中部分国家的足球锦标赛同时向专业队伍和业余队伍开放。

　　英国的足球联赛系统又称为金字塔系统，自上而下主要可以分为9级；其中金字塔顶端的4个级别分别是超级联赛、冠军联赛、甲级联赛、乙级联赛四大赛事；从第五级向下包括足协全国联赛、足协北部联赛和南部联赛、足球北部、南部超级联赛和依斯米安超级联赛等。联赛级别越接近金字塔底部，赛事场次越多。除联赛系统内的比赛外，还举办足总杯、联赛杯等锦标赛。

　　自2008年赛季起，德国足球联赛系统基本采用6级结构，由上到下依次为德甲、德乙、德丙、地区联赛北部，南部，西部赛区、5组高级联会联赛以及各地方联

会联赛。在联赛之外，德国的足球锦标赛还包括德国杯和前身为德国超级杯的联赛杯等。

意大利足球联赛体系分为10个等级，由上到下分别是由国家职业联盟管理的意甲和意乙联赛、由意大利足球职业联赛管理的意丙一联赛和二联赛、国家业余联盟管理的意丁联赛、卓越联赛、推广联赛、一类联赛、二类联赛和三类联赛。意大利的主要足球锦标赛包括意大利杯、意大利超级杯、意大利职业联赛杯、意丁联赛杯、意大利业余杯等。

日本的职业足球联赛也是多层次的，目前共有5级联赛，从上到下依次为职业J1联赛、职业J2联赛、全国联赛、地域联赛和都道府县联赛。每年春季到秋季共举办9个月约36周的赛程，全年正式赛程结束后，将在11月下旬举办联盟年度总冠军赛，由每个季度的冠军球队争夺总决赛的冠军。除联赛外，日本全年还会举办天皇杯、联赛杯、富士施乐杯等锦标赛。

三、中国足球的现状和问题

20. 我国近代是如何开展足球运动的？

19世纪60年代前后，现代足球运动传入我国香港地区并逐渐活跃起来。19世纪80年代，香港学校中的华人学生开始踢足球。随后，一些沿海城市中的教会学校也开始兴起球运动，并自1902年起，在香港、上海、广州、北京等地的一些学校之间举办足球比赛。1908年，我国第一家足球运动组织——南华足球会在香港正式成立。在1913—1934年期间，中国足球队参加了10次远东运动会的足球比赛，获得了9次冠军。1931年，中国加入国际足联，并于1936年和1948年两次派出队伍参加奥运会足球比赛，但均在初赛时被淘汰。在1910—1949年期间，足球运动被列入历次全国运动会的正式比赛项目。

21. 足球职业化改革之前我国足球运动经历了哪些阶段？

（1）基础起步阶段（1949—1959年）

新中国成立后，足球运动在各地蓬勃发展。1951年，在天津举办了第一届全国足球比赛，参加比赛的有六大行政区和解放军、铁路共8支代表队。比赛后从中选拔了三十多名运动员组成了国家足球集训队，成为新中国足球运动的骨干力量。1953年起，全国各体育院、系先后开设了足球课程，1954年前后，部分大行政区和行业系统、各省市相继建立了足球队。1955年1月3日，中国足球协会正式成立，黄中任主席。1956年，开始实行全国足球竞赛制度和运动员、裁判员等级制度，甲级、乙级足球联赛随之正式启动。1959年，足球被列入全运会比赛项目。

（2）曲折发展阶段（1960—1976年）

1964年，国家体委、全国总工会、共青团中央、教育部联合召开了全国足球训练工作会议。会后，国家体委发布了《关于大力开展足球运动，迅速提高技术水平的决定》，提出了"三从一大"（从难、从严、从实战出发；坚持大运动量训练）的训练原则，确立了"勇、快、巧、准"的足球技术风格。1965年，我国举办了第二届全运会，国家足球队得以重新组建，并于1966年获得亚洲新兴力量运动会足球

比赛的亚军。但是，"文化大革命"严重破坏了我国足球运动的发展。1966—1970年，全国的足球竞赛、国际交往，连同足球训练、科研活动全部停止。1974年，中国足球协会重新恢复了在亚足联的合法席位。1976年，中国队首次参加亚洲杯足球赛并获得季军。

（3）改革探索阶段（1977—1991年）

20世纪70年代至80年代中期，我国足球运动处于全面恢复时期。1978年，率先恢复了全国甲、乙级队双循环升降级制比赛。1979年6月，国务院批准了国家体委提出的《关于提高我国足球技术水平若干措施的请示》。随后，足球运动在北京、广州、青岛等16个足球重点城市和地区重新发展起来。1980年，国家体委、团中央、教育部共同发出了《关于在全国中小学生中积极开展足球运动的联合通知》，提出把足球运动纳入学校体育计划，这对足球运动在中小学校的普及起到了促进作用。自此，我国开始建立全国青少年足球比赛的固定赛制，12岁以下参加"萌芽杯"、14岁以下参加"幼苗杯"、16岁以下参加"希望杯"。1979年，我国恢复了在国际足联的合法席位，为中国足球队参加国际比赛创造了有利条件。当年，我国国家队、青年队、少年队开始参加世界杯预选赛、亚洲杯、亚运会、奥运会预选赛、世青赛、世少赛等重大国际赛事。

22. 中国足球职业化发展有过哪些艰难探索？

（1）改革酝酿与尝试（1992—1993年）

1992年，中国国家足球队折戟奥运会足球预选赛，引发了对中国足球出路的热烈讨论。当年6月在北京郊区红山口召开的全国足球工作会议，提出了足协实体化、建立职业俱乐部和实现俱乐部赛制，成为我国足球职业化改革的开始，也历史性地拉开了我国竞技体育职业化改革的帷幕。为了提高我国青少年的足球竞技水平，1993年11月，中国足协派出一支少年足球队赴巴西留学。

（2）职业联赛蓬勃发展（1994—2000年）

1994年4月，万宝路杯全国足球甲级联赛正式开始，标志着中国足球改革的全面推进。联赛开始后，观赛人员和球迷数量均呈现爆炸式增长，异常火爆的球市经常出现一票难求的现象。1995年，现场观看甲A联赛的观众已达到314万人次，平均每场观众超过两万余人，个别赛区上座率高达95%，接近足球发达国家的水平。球迷协会组织纷纷成立，带动形成了全国性的足球市场。足球比赛开始成为赢利性产业，各俱乐部基本实现自负盈亏。然而，职业联赛的火爆难以掩盖国家队成绩的下滑，接连冲击1996年奥运会和1998年世界杯失利。

（3）职业联赛曲折中前进（2001—2008年）

2001年，中国足球队如愿拿到2002年世界杯入场券，被视为足球职业化改革以来的重大胜利。然而，世界杯成功出线也难以挽救日渐衰败的足球联赛。同年，甲B赛场上出现了诸如向裁判行贿、球员年龄弄虚作假等球场黑幕事件，多个长期支持中国足球的企业相继宣布退出足球市场。为了给中国足球注入新的活力，自2004年赛季开始，甲A联赛被中国足球超级联赛所取代。但由于中国足球长期存在的问题并没有得到根本性解决，中超联赛很快又陷入了信任危机，球场暴力行为屡禁不止、裁判员执法不公、各类操纵比赛的行为得不到整治，假球黑哨、开盘设赌等歪风邪气严重损害了中超联赛的形象。

（4）"反赌扫黑"风暴重新拯救职业联赛（2009—2015年）

2009年开始的"反赌扫黑"风暴，既是中国足球职业化改革面临的重大挫折，但也为中超联赛提供了历史性发展机遇。在这场风暴中，多名足协领导、足球裁判和国脚球员等牵涉其中，锒铛入狱。然而，也正是以此为机遇，中国足球职业联赛出现了强势的触底反弹。各大中超俱乐部开始加大对球队和球员的投资力度，特别是以"广州恒大"为代表的新兴资本力量，使中超联赛重现往日火爆场景，联赛的上座率、收视率乃至商业价值不断攀升。

23. 中国足球在国际上处于什么样的水平？

从1982年国家男子足球队首次参加世界杯亚洲区预选赛开始，中国国家队获得了2002年日韩世界杯决赛阶段的比赛资格；中国国奥队也曾获得了1988年汉城奥运会的比赛资格，中国男子足球队的世界排名曾于1998年12月一度攀升至第三十七

位,为历史最好成绩,但此后排名大幅下滑,甚至在2013年3月跌至第一〇九位。自1991年创建女足世界杯以来,中国女足在很长一段时间内一直处于第一集团,并分别在1996年奥运会和1999年世界杯比赛中获得第二名的优秀成绩,但自2003年世界杯赛事以来,由于资金缺位、人员老化、后备人才匮乏等因素,女足国家队的世界排名也正处于下滑态势(见图6)。

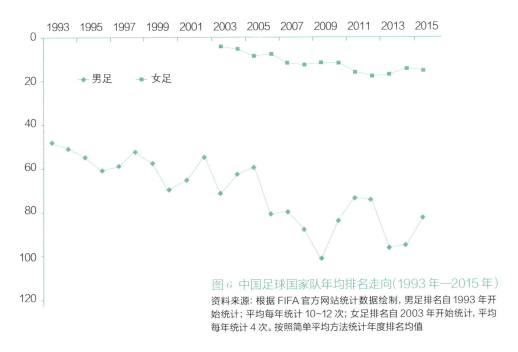

图 6 中国足球国家队年均排名走向(1993 年—2015 年)

资料来源:根据 FIFA 官方网站统计数据绘制,男足排名自 1993 年开始统计;平均每年统计 10~12 次;女足排名自 2003 年开始统计,平均每年统计 4 次。按照简单平均方法统计年度排名均值

24. 中国足球普及程度如何?

从国际惯例来看,衡量一国足球普及程度的主要指标包括足球人口和注册球员数量。足球人口是指每周进行两次或两次以上足球活动的人数,注册球员指的是加入专业或业余俱乐部,并在国家足协和地方足协注册登记的球员。根据国际足联官方网站公布的数据,中国足球人口以2 616万位居全球首位,注册球员以71万位居世界第十二位(见表2),但是足球人口占总人口的比重仍然较低(见图7)。而根据中国足球业内人士估计,我国的足球人口和注册球员数量均明显低于国际足联的官方数据。

表 2 国际足联估算的足球人口数量

国别	足球人口 （万人）	注册球员数量 （万人）	未注册球员数量 （万人）	俱乐部数量 （个）
中国	2617	71	2546	2221
美国	2447	419	2029	9000
印度	2059	38	2020	6540
德国	1631	631	1000	26837
巴西	1320	214	1106	29208
墨西哥	848	32	816	311
印度尼西亚	709	7	703	83
尼日利亚	665	6	660	52
孟加拉	628	27	601	4100
俄罗斯	580	85	496	14329
意大利	498	151	347	16697
日本	481	105	376	2000
南非	454	147	307	900
法国	419	179	240	20062
英国	416	149	268	42490

来源：国际足联官网统计，2011 年

注：中国足球人口目前没有准确数据。根据中国足球业内人士估计，我国的足球人口和注册球员数量均明显低于国际足联的官方数据。此数据仅供参考。

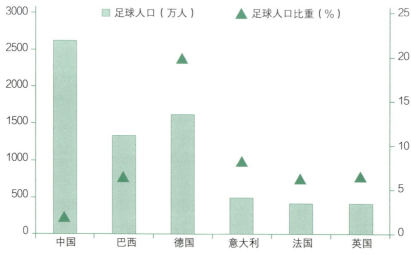

图 7 主要国家和地区的足球人口及其比重（2011）

来源：国际足联官网统计，2011 年

25. 中国足球的场地设施条件如何？

　　足球场地设施是发展足球运动的物质基础和必要条件，但是目前我国现有的足球场地设施难以满足广大人民群众的足球运动需求。根据第六次全国体育场地普查结果，截至2013年底，全国共有制式足球场地10 628块，平均约每13万人拥有1块足球场地；场地面积3 547.5万平方米，与足球先进国家存在较大差距——每万人拥有的足球场地仅相当于法国的1/50、德国的1/90。据国家体育总局统计，全国足球场地的分布当中，属于事业单位所有的占66.3%，企业所有的占16.65%，除明确规定可以租借或向公众免费开放的部分场馆外，面向公众开放的正式足球场地和社区便民足球场地十分匮乏（见表3、表4、表5）。

表 3　2013 年全国足球场地情况调查表

场地	标准场地	5人、7人和室内5人
数量	4572	6056
所占比例	43%	57%

来源：国家体育总局

表 4　2013 年全国足球场地分布调查表（按单位性质分布）

单位性质	行政机关	事业单位	企业	其他单位
数目	249 个	7046 个	1770 个	1563 个
所占比例	2.34%	66.30%	16.65%	14.71%

来源：国家体育总局

表 5　全国足球场地分布表（按行业分布）

行业	体育系统	教育系统	其他系统
数目	659 个	6766 个	3203 个
所占比例	6.66%	67.03%	26.31%

来源：国家体育总局

26. 中国足球竞赛体系是怎样的？

　　我国足球竞赛体系从竞技性质上可分成竞技系列和普及系列两大体系；从年龄上又可分为成年和青少年两大体系。竞技系列比赛均由中国足协举办，普及系列比赛在中国足协的统一规划和指导下，由会员协会、大区(某一会员协会牵头)和中国足协分别举办。其中，竞技系列成年比赛包括中国足球协会超级联赛、中国足协杯赛、中国足球甲级联赛等；竞技系列青少年比赛包括U21奥林匹克、U19青年和U17少年等年龄组的比赛，每个年龄组又分别包含联赛选拔赛、联赛和调赛等类别的比赛。普及系列成年比赛包括竞技系列之外的业余足球俱乐部、各行业、大学生等19岁以上队伍的比赛；普及系列青少年比赛包括竞技系列之外的各省市足球学校、业余足球俱乐部、业余体校和中小学等U9、U11、U13、U15、U18队伍的比赛。

　　2016年2月，根据中国足协初步拟定的"中国足球联赛体系"，明确今后将设8个层级的联赛：中超、中甲、中乙、中冠、中冠联赛大区赛、会员协会冠军联赛、城市联赛、县区联赛。此外，教育部于2015年9月起，在全国建立校园足球竞赛体系，按照大学、高中、初中和小学4个层级,组织实施全国大中小学生足球联赛。

27. 中国足球专业人才状况如何？

　　足球专业人才主要包括足球运动员、教练员、裁判员等。目前，我国职业注册球员两千余人，业余注册球员四万余人。持证足球教练总人数为1.05万名，其中D/C级教练员8 421人。中国足协2014年公布的名单显示，中超裁判员共24人、中超助理裁判员共25人、中超助理裁判员候补人员2人、中甲裁判员23人、中甲助理裁判员30人、裁判监督39人、裁判长39人，共计182人。

28. 中国足球发展理念存在什么问题？

对足球的价值和规律认识不足、急功近利的思想行为严重，是我国足球发展理念中存在的突出问题。由于对足球运动的本质缺乏深入理解，无论是足球运动主管机构或是普通球迷，都过度关注于每一场足球比赛的胜负，使足球运动背离了健康、快乐、进取的足球运动价值。受此影响，中国足球长期忽视青少年足球的普及和后备人才的培养，发展基础极为薄弱。一些俱乐部目光短浅、急于求成，为了追求赛事成绩，不惜通过金钱和物质刺激，滋长了部分年轻球员的拜金主义，却在梯队培养上吝于投入，甚至不惜拔苗助长，违背足球人才成长规律。也正是由于对足球人才培养的长期漠视，使得我国可供选拔的职业球员后备人才极度匮乏，甚至连参与竞技足球训练的人数都极为有限。

29. 中国足球管理体制存在哪些问题？

长期以来，足球管理体制落后、监管缺失被认为是影响中国足球健康发展的主要制度性因素。

一方面，体制机制落后，造成足球发展的社会基础薄弱。自1994年足球职业化改革启动以来，国家体育总局足球运动管理中心既是主管全国足球事务的事业单位，也是中国足球协会的常设办事机构，"两块牌子、一套人马"，全国自上而下都采取这种体制。这种管办不分的管理体制使得政府、足球协会和职业俱乐部之间的关系不清、定位不明，易受到急功近利思想的影响，忽视足球普及、人才培养等基础工作。

另一方面，监管缺失，造成行业风气和竞赛秩序混乱。中国足球管理机构的身份混乱，影响到其权威性与中立性，并直接导致监管不力、行风不正。

四、中国足球发展方向和路径

30. 为什么说我国足球发展迎来了前所未有的大好机遇？

目前，中国足球的发展正处于难得的战略机遇期，主要体现在以下几个方面：

一是具备了比较坚实的经济基础。改革开放三十多年来，中国经济持续较快发展，人民生活水平显著提高。2015年，我国人均国内生产总值达到4.9万元，城镇居民家庭人均可支配收入超过3.1万元，农村居民家庭人均纯收入近1.1万元，分别比1978年增长了128倍、90倍、80倍。目前，全国居民食品支出占消费支出的比重已经下降至30%左右。随着国民经济和居民收入水平的大幅提升以及消费结构的持续升级，群众对体育健身的需求也越来越旺盛。第四次全民健身状况调查显示，2014年我国20岁以上人群中，近40%的人有过体育消费，全年人均体育消费926元，比2007年第三次调查时提高了50%以上、年均增长率在14%以上。与此同时，城乡基础设施特别是体育运动和健身设施的建设也取得了长足的发展。因此，无论从需求侧还是供给侧来看，振兴和发展足球事业，都具备了比较坚实的经济和物质基础。

二是足球运动的发展日益活跃。目前，我国经常参加足球运动的人数已达到一定规模，球迷人数过亿。校园足球初步普及，联赛体系逐渐形成，每年比赛超过10万场；社会足球初具氛围，各级足协、企事业单位和社会各界积极开展足球活动，每年举办两万余场业余足球比赛；职业足球稳步发展，职业俱乐部达到48个，已初步建立起以中超、中甲、中乙为主体的职业联赛框架，近十年，中超足球联赛场均观赛规模达到1.5万人次。第四次全民健身状况调查显示，篮球、乒乓球、足球是6~19岁人群观看最多的三项体育赛事，篮球、足球是20岁以上人群最喜欢看的体育项目。这为中国足球的发展奠定了良好的群众基础，积累了一定的"人气"。与此同时，足球国际交流不断深化。国内运动员、教练员和裁判员赴外学习、训练、参赛日益增多，引进外籍教练员和运动员的水平明显提升，越来越多的国内俱乐部与国际高水平俱乐部建立了合作机制。

三是国家高度重视足球发展并进行了顶层设计。党的十八大以来，以习近平同志为总书记的党中央把振兴足球作为发展体育运动、建设体育强国的重要任务摆上日程。习近平总书记多次指示要下决心把我国足球事业搞上去，李克强总理高度重视足球等体育事业和体育产业工作，国务院多次专题研究部署，我国足球事业改革发展迎来了前所未有的大好机遇。2014年10月，《国务院关于加快发展体育产业促

进体育消费的若干意见》(国发〔2014〕46号)印发，提出了到2025年我国体育产业发展的总体要求、主要任务和政策措施，对包括足球在内的体育发展进行了顶层设计。2015年3月，《国务院办公厅关于印发中国足球改革发展总体方案的通知》（国办发〔2015〕11号）明确提出，坚定不移地推进改革、振兴足球，并以此为突破口深化体育管理体制改革，是体育战线贯彻落实党的十八大和十八届二中、三中、四中全会精神，顺应人民群众新期待，提升中国体育大国形象，实现体育强国梦的实际行动。这标志着中国足球走上了新的征程，也预示着中国足球的发展和振兴将得到强有力的政策支持。

31. 为什么要编制《中国足球中长期发展规划》？

自20世纪90年代启动职业足球进程以来，我国足球人口逐步扩大，校园足球加快普及，职业足球初具规模，社会足球蓬勃发展。但从整体上看仍然存在对足球规律认识不足、发展理念滞后、发展基础薄弱、体制机制缺乏活力、行业风气和竞赛秩序混乱、运动成绩持续下滑等问题。振兴和发展足球是全国人民的热切期盼，关系到群众身心健康、体育产业发展和优秀文化培育，对于建设体育强国、促进经济社会发展，实现中华民族伟大复兴的中国梦具有重要意义，编制一项能够反映新形势、新要求，具有战略性、前瞻性和指导性的足球中长期规划尤为紧迫和必要。

2015年2月，中共中央总书记习近平同志主持召开了中央全面深化改革领导小组第十次会议，审议通过了《中国足球改革发展总体方案》（下简称《足改方案》），把"制定足球中长期发展规划"作为中国足球"三步走"战略中近期目标的重要内容，把"研究制定全国足球场地建设规划"作为加强足球场地建设管理特别是扩大足球场地数量的重要任务。此前，2014年10月印发的《国务院关于加快发展体育产业促进体育消费的若干意见》(国发〔2014〕46号)，也对编制足球规划做出了部署，要求"对发展相对滞后的足球项目制定中长期发展规划和场地设施建设规划，大力推广校园足球和社会足球。"编制《中国足球中长期发展规划（2016—2050年）》和《全国足球场地设施建设规划（2016—2020年）》，是落实党中央国务院决策部署的必然要求。

32. 《规划》的总体框架是什么？

《规划》共分五个部分。

第一部分是发展基础，阐述了我国足球运动取得的成绩和存在的主要问题。

第二部分是总体思路，明确了指导思想、战略定位和发展原则。

第三部分是发展目标，近期（2015—2020年）要努力实现中国足球保基本、强基层、打基础的发展目标。中期（2021—2030年）奋力实现中国足球动力更足、活力更强、影响力更大，跻身世界强队的发展目标。远期（2031—2050年）全力实现足球一流强国的目标，中国足球实现全面发展，共圆中华儿女的足球梦想，为世界足球运动做出应有贡献。

第四部分是主要任务，包括构建制度体系、培养人才队伍、建设场地设施、丰富赛事活动、壮大足球产业、培育足球文化、促进足球开放等七个方面，并提出"十三五"期间八项重点工程(计划、行动)。

第五部分是配套政策和保障措施，涉及财政、金融、规划、土地、税费、价格、人才和就业、组织实施和监测评估等方面，并要求各地积极贯彻落实本规划，建立由政府牵头，相关行政部门、足协等社会团体共同参与的足球发展工作机制，制定本地足球发展规划或实施方案，确保责任落实到位、建设任务顺利推进、规划目标如期实现。

33. 中国足球发展的宗旨是什么？

《规划》提出，中国足球发展的宗旨是服务于人的全面发展。

社会各界普遍意识到，发展足球事业不能片面追求成绩，不能急功近利，否则就会给青少年足球发展带来"揠苗助长式"的不良后果，也会使职业足球发展缺乏良好的社会根基。因此，中国足球运动的发展必须以服务于人的全面发展为根本宗旨。

一是足球运动能够促进强身健体。足球运动主要靠脚部完成技术动作，通过脚下动作的训练，可以锻炼距离大脑神经中枢最远的部位，促进神经系统的发展，充

分调节与其他身体机能的关系。足球比赛场地大、时间长，参加足球训练和比赛能够使人的耐力、速度、力量、协调性、灵活性、反应速度等各方面的身体素质都得到锻炼。

二是足球运动能够培养意志品质。足球运动参加人数多、技术战术复杂、身体对抗性强，要求运动员不仅要有良好的身体素质，还要有极强的抗压能力和拼搏精神。所以，通过足球运动，可以培养球员果断、顽强、自信、勇敢等意志品质。

三是足球运动能够培养团队合作意识。足球是团队项目，一支队伍想要取得好成绩，除了球员的个人基本技能之外，队员之间的高度信任和默契配合更加重要。常年参加足球训练与比赛，有利于促进形成团队精神和合作意识。在当今社会，我国青少年以独生子女为主，往往容易以自我为中心，缺乏集体意识和合作精神，足球运动无疑是一种良好的培养平台和载体。

34. 中国足球发展的导向是什么？

《规划》提出，中国足球发展要以普及为导向。这是因为：第一，足球运动有利于增进人们的身心健康，促进人的全面发展，推动"健康中国"建设，因此，足球运动不能成为专属于少数人的"精英运动"，而应当是人民群众广泛参与的大众运动；第二，中国足球运动水平的提高必须具有坚实的群众基础和社会基础，有普及才有发展、才有提高。为此，必须以普及为导向，大力发展各具特色的校园足球、社会足球和职业足球。

校园足球的普及受众是中小学生，将足球运动列入体育课教学内容，培养足球兴趣，发展足球社团，开展足球活动，大幅增加青少年足球参与规模。社会足球的普及受众是业余足球爱好者，通过建设便捷可及的公共足球场地，开展形式多样的社会足球比赛，形成广泛参与的社会氛围。职业足球的发展也要为推动足球运动普及做出积极贡献，为校园足球和社会足球的开展提供专业指导，不断培育足球爱好者，吸引各类人才参与足球事业发展。

35. 中国足球发展需要夯实哪些基础？

《规划》提出，中国足球发展需要夯实足球发展的制度基础、人才基础、设施基础、社会基础，不断提升足球运动质量和水平，不断满足群众的热切期盼和需求，努力实现"足球崛起梦、体育强国梦、民族复兴梦"的宏伟目标（见图8）。

一是制度基础。要科学构建中国特色足球管理体制，健全完善足球可持续发展机制，建立规范有效的足球法治体系，重点解决阻碍足球运动振兴和发展的制度难题。

二是人才基础。要大幅增加青少年足球参与规模，显著扩大教练员、裁判员队伍，建立职业运动员良性发展机制，培养复合型产业人才，重点解决阻碍足球运动振兴和发展的人才难题。

三是设施基础。要科学规划足球场地设施发展，加大校园足球运动场地建设力度，推进社区配建足球运动场地，重点解决阻碍足球运动振兴和发展的设施难题。

四是社会基础。要丰富校园、社会和职业足球赛事活动，发展足球服务业、用品制造业及相关产业，培育足球文化，促进足球开放，重点解决阻碍足球运动振兴和发展的普及难题。

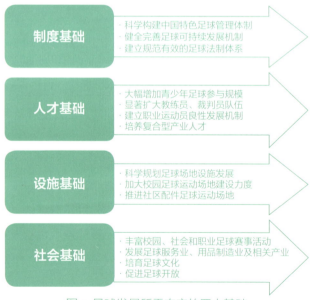

图 8 足球发展所需夯实的四大基础

36. 中国足球发展要遵循什么样的原则？

《规划》提出，中国足球发展要遵循四大基本原则（见图9）。

一是坚持遵循规律，持续发展。遵循足球发展规律，科学谋划，以人为本，从娃娃抓起，从基层抓起，从基础抓起，有序推进，持之以恒。

二是坚持改革引领，创新发展。充分发挥足球对我国体育发展和改革的引领作用，以改革体制机制为突破口，转变足球发展方式，积极探索足球发展的新路径，提升足球运动的活力和水平。

三是坚持依法治理，规范发展。把足球发展纳入法治化轨道，全面提升法治观念和法治水平，创造平等参与、公平竞争的发展环境，构建依法、依规、依章的治理体系。

四是坚持包容共享，开放发展。充分调动全社会的积极性和创造力，营造重视足球、支持足球、参与足球的良好氛围。提高对内对外开放水平，在合作共赢中谋发展。

图 9 足球发展的基本原则

37. 如何理解足球是全民健身的重要事业？

《规划》提出，足球是全民健身的重要事业。足球是一项深受广大人民群众喜爱的体育运动。振兴和发展足球，可以提高全民健身参与程度，增强群众身体素质，是提高全民族身心健康水平的重要支撑。在足球运动中，运动员需要保持高度集中的精神状态，在瞬息万变的运动场上，既要判断双方队员的位置和技战术意图，又要准确把握足球的运行轨迹和速度，同时还要做出合理的技术动作和战术反应。需要不停地奔跑，做出带球、传球、射门等激烈的肌肉活动。所以，经常从事足球运动，人们的视觉反应和运动机能将大大提高，肌肉会变得更加结实有力。此外，足球运动对防范各类疾病也有帮助。世界心脏研究基金会的研究也显示，踢足球可以有效降低发生心脏病、中风、癌症、高血压等疾病的概率。《足球与健康》杂志提到："足球项目是最好的健康'守护者'，每周3次，持续时间为1小时的足球活动能够有效促进身心健康。"

38. 为什么说足球是国民经济的重要产业？

《规划》提出，足球是国民经济的重要产业。

一是足球产业规模占体育产业比重较大。根据中信证券的研究报告指出，2014年全国体育及相关产业总规模达到13 574.71亿元，实现增加值4 040.98亿元，占当年国民生产总值（GDP）的0.64%，高出2013年0.04个百分点。足球作为体育产业单一最大项目，产值占比超过40%。按此发展势头，足球产业市场发展前景较为乐观，对促进产业转型与升级具有较强的拉动和示范作用。

二是产业链条长，带动作用大。足球运动具有较长的产业链和较强的产业关联性，已经成为一项能够带动"上下游"产业衔接、"左右岸"产业互动的复合型生产活动。足球产业链核心在于体系完整、布局合理的比赛架构，为顶级的超级联赛培养和输送专业性职业球员，并构成了基于赛事的商业传播机制，在传播和大众参与过程中培育了广大的球迷群体。在核心赛事机制建立后，将加速以足球培训、足球转播、足球金融保险等服务业发展、以足球娱乐产品、足球类电子竞技、智能穿

戴等制造业发展，以及足球与旅游、餐饮、健康养生等行业的融合发展（见图10）。

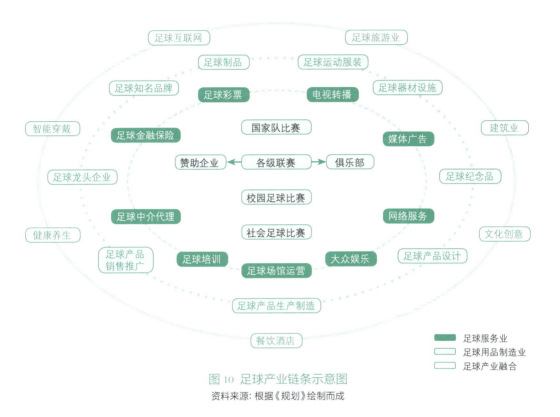

图 10 足球产业链条示意图

资料来源: 根据《规划》绘制而成

三是中国足球消费需求潜力较大。我国拥有近14亿人口，足球消费人口逐年增多，加之人均收入水平不断提高，对足球产业的需求也愈发旺盛。据英国《每日邮报》的一项调查数据显示，根据收入水平，中国球迷在看球方面的消费占收入的比例占全球最高。中国球迷每周的收入大概是1 290元，而看球则要花费92元，占到其收入的1/14，其次是巴西球迷(1/14.2)。还有一项统计数据表明，中超场次观赛人次自2011年以来排名亚洲第一。2013年共有445.7万球迷现场观战，场均18 571人，电视观众3.46亿。随着《规划》的落实与实施，中国足球消费需求将被进一步的激发，从而形成新的消费增长点。

39. 如何理解足球是体育强国的重要基石？

《规划》提出，足球是体育强国的重要基石。一般认为，体育运动的群众普及程度、主流项目的竞技水平、国民的身体素质、体育产业的发达程度、体育文化的国际影响力等是衡量体育强国的主要因素。足球是具有广泛影响力的世界性运动，参与度和关注度较高、竞技性较强、对身心素质要求较高。从世界范围来看，公认的足球强国一般都是体育强国，如德国、荷兰、巴西、西班牙、法国、意大利、美国、英国等。以足球振兴为重要组成部分的体育强国梦，也承载了我国几代领导人的热切期盼。国家体委首任主任贺龙元帅就说："三大球(包括足球)搞不上去死不瞑目。"邓小平同志明确指示："足球要从娃娃抓起。"习近平同志近年来出访德国、荷兰、韩国、巴西等国时，都将足球作为考察内容之一，并且郑重表达了"世界杯出线、举办世界杯、获得世界杯冠军"三大愿望。因此，中国要成为真正的体育强国，振兴和发展足球势在必行。

40. 如何理解足球是民族精神的重要载体？

《规划》提出，足球是民族精神的重要载体。现代足球与传统文化和民族精神之间有千丝万缕的联系。体育精神和足球文化是人类社会精神文化的重要体现，具有鲜明的国家和民族文化特色。例如，德国的传统文化特别注重严谨、自信、坚强、团结，对德国足球有着深厚的影响,造就出以技术扎实、意志坚强、整体协同为特点的"日耳曼战车"。以巴西为代表的南美球队充分体现了浪漫主义的文化底蕴，彰显个性、活泼、热情，强调即兴发挥和自我表现，展现出"桑巴足球""拉丁足球"鲜明的艺术特质。日本足球在立足本土文化的基础上，不断学习借鉴西方先进文化，造就了兼具东方传统文明和西方现代文明特征的日本足球文化。

中华民族是一个具有悠久历史和文化传承的伟大民族，有着不屈不挠、生生不息、顽强奋斗的传统精神，有着开放包容、改革创新、与时俱进的时代精神。足球作为一项深受人民群众喜爱的体育运动，具有重要的育人功能。构建具有中国特色的足球文化，能够把中国的传统文化、民族精神与社会主义核心价值观有机统一起来，激励人们团结合作、奋勇拼搏，提升中华民族的凝聚力和自豪感。

五、中国足球发展愿景

41. 中国足球发展的近期目标是什么？

《规划》提出，中国足球的近期目标是：到2020年努力实现中国足球保基本、强基层、打基础。

保基本： 人民群众对足球运动的需求得到基本满足，开展足球活动的场地、时间、经费得到基本保障，全社会关心和支持足球发展的良好氛围基本形成。

强基层： 校园足球加快发展，全国特色足球学校达到2万所，中小学生经常参加足球运动人数超过3 000万人。社会足球发展基础不断夯实，基层足球组织蓬勃发展，基层足球活动广泛开展。全社会经常参加足球运动的人数超过5 000万人。

打基础： 中国特色的足球管理体制机制初步建立，政策法规初具框架，行业标准和规范趋于完善，竞赛和培训体系科学合理，足球事业和产业协调发展的格局基本形成。全国足球场地数量超过7万块，使每万人拥有0.5~0.7块足球场地。

42. 中国足球发展的中期目标是什么？

《规划》提出，中国足球的中期目标是：到2030年奋力实现中国足球动力更足、活力更强、影响力更大，跻身世界强队。

动力更足： 管理体制科学顺畅，法律法规完善健全，多元投入持续稳定，足球人口基础坚实。每万人拥有1块足球场地。

活力更强： 校园足球、社会足球、职业足球体系有效运行，各类市场主体踊跃参与，足球产业规模有较大提高，成为体育产业的重要引擎。

影响力更大： 职业联赛组织和竞赛水平达到亚洲一流，国家男足跻身亚洲前列，女足重返世界一流强队行列，体育大国形象得到进一步提升。

43. 中国足球发展的远期目标是什么？

《规划》提出，中国足球远期目标是，全力实现足球一流强国的目标，中国足球实现全面发展，共圆中华儿女的足球梦想，为世界足球运动做出应有贡献。

44. 我国经常参加足球运动的人数目标是什么？

《规划》提出，到2020年，我国经常参加足球运动人数要超过5 000万人。《规划》中提到的"经常参加足球运动人数"是指每周参加足球运动不少于45分钟的人口规模，相当于学生每周进行一课时足球运动或成年人参加半场足球比赛。根据测算，今后5年校园足球将快速发展，足球特色学校达到2万所，到2020年全国中小学生经常足球运动人数超过3 000万；参考国际经验，足球运动人数中青少年一般占60%左右，按此测算，到2020年全国经常参加足球运动人数将达到5 000万。

45. 我国足球场地的建设目标是什么？

《规划》提出，我国足球场地建设目标是全国建成7万块足球场地，使每万人拥有0.5~0.7块足球场地。

根据第六次全国体育场地普查结果，我国现有足球场地10 628块，约13万人拥有1块足球场地。目前，发达国家水平远高于我国，如荷兰每万人拥有2块足球场地，英国伦敦每万人拥有4块。考虑到足球场地是足球发展的必要条件，"十三五"又是打基础的重要阶段，我们测算认为到2020年我国每万人应拥有0.5~0.7块足球场地，到2030年达到每万人1块足球场地，既十分必要，也切实可行。实际上，我国部分地区已经达到或者超过了这个水平，如南京每万人拥有0.6块足球场，广州0.8块，内蒙古二连浩特2.5块。按每万人拥有足球场地0.5块低限测算，到2020年全国足球场地总量应该达到7万块以上。因此，政府推广足球项目，客观上可以为体育场地匮乏、设施落后的地区提供全面发展其他项目的机会，是实现2025年经常参加体育锻炼的人数达到5亿、人均体育场地面积达到2平方米的重要途径。教育部近期出台文件，把足球、篮球、排球、田径、游泳、体操和武术列为七个重点发展的项目，目前已体现出在足球的带动下，其他有影响力的大球项目、基础项目和传统体育项目均衡发展的势头。

46. 我国足球产业的发展目标是什么？

　　根据《规划》，我国足球产业主要目标是：到2020年，足球事业和产业协调发展的格局基本形成，到2030年，足球产业规模有较大提高，成为体育产业的重要引擎。从全世界的体育产业发展来看，足球是体育产业中十分重要的组成部分，足球运动在全世界范围年产值超过5 000亿美元，占全球体育产业总规模的40%以上。皇家马德里足球俱乐部2014年的总收入超过6亿欧元，当年俱乐部价值估算达34.4亿美元。2015年英超官方宣布此后3个赛季的转播权出售给天空电视与英国电信公司，转播总价达到51.36亿英镑，这意味着未来每一场英超的转播费将达到450万英镑左右。可以说，欧洲职业足球俱乐部个个都是"印钞机"，其高超的足球水平和娴熟的商业化运作为其赢得了巨大的商业价值。与之对照，目前我国足球产业的发展在总体规模和占体育产业比重上有很大提升空间，在足球产业链条的延伸和拓展上具有很大的挖掘潜力。《规划》的实施将大大提升我国足球产业规模，带动相关产业的发展，足球俱乐部及其相关企业将迎来前所未有的发展机遇。

47. 校园足球发展有哪些主要目标？

　　根据《规划》，校园足球发展的主要目标是：校园足球加快发展，到2020年，全国特色足球学校达到2万所，中小学生经常参加足球运动人数超过3 000万人。
　　一是校园足球普及程度大幅提升。学校普遍开展足球运动，学生广泛参与足球

活动，校园足球人口显著增加，学生身体素质、技术能力和意志品质明显提高，形成有利于大批品学兼优的青少年足球人才脱颖而出的培养体系。

二是足球教学改革更加深入。形成内容丰富、形式多样、因材施教的青少年校园足球教学体系，课程设置、教学标准、教材教法和教学资源等教学要素更加衔接配套，校园足球教学质量明显提升。

三是校园足球竞赛体系更加完善。形成赛事丰富、赛制稳定、赛纪严明的青少年校园足球竞赛体系，球队建设、课余训练、赛事运行等更加规范高效，校园足球运动水平稳步提高。

四是校园足球发展保障更加有力。师资配备补充、培养培训、评价机制和激励措施等更加多样有效；鼓励学生习练足球的综合评价体系更加健全；场地设施和运动安全管理更加完善，财政资金和社会资本多元投入，形成青少年校园足球持续发展保障体系。

48. 社会足球发展有哪些主要目标？

根据《规划》，社会足球发展的主要目标是：到2020年，发展基础不断夯实，基层足球组织蓬勃发展，基层足球活动广泛开展，助力形成全社会关心和支持足球发展的良好氛围，有效促进全社会经常参加足球运动的人数超过5 000万人。

49. 职业足球发展有哪些主要目标？

根据《规划》，职业足球发展的主要目标是：到2020年，在中国特色的足球管理体制机制下，建立健全职业足球，特别是职业足球联赛的架构；初步建立职业运动员良性发展的机制，竞赛和培训体系更趋合理；促进形成足球事业和产业协调发展的格局。到2030年，职业联赛的组织和竞赛水平要达到亚洲一流，国家男足要跻身亚洲前列，女足要重返世界一流强队行列，以此进一步提升我国体育大国的形象。到2050年，要实现跻身世界一流强队的目标。

六、中国足球发展的重大举措

50. 中国足球中长期发展的七大任务是什么？

为了实现足球发展的"三步走"目标，《规划》提出了构建制度体系、培养人才队伍、建设场地设施、丰富赛事活动、壮大足球产业、促进足球开放等七大主要任务（见表6）。

表 6 足球开放的七大主要任务

构建制度体系	◇ 科学构建中国特色足球管理体制 ◇ 健全完善足球可持续发展机制 ◇ 建立规范有效的足球法治体系
培养人才队伍	◇ 大幅增加青少年足球参与规模 ◇ 显著扩大教练员裁判员队伍 ◇ 建立职业运动员良性发展机制 ◇ 培养复合型产业人才
建设场地设施	◇ 科学规划足球场地设施发展 ◇ 加大校园足球运动场地建设力度 ◇ 推进社区配建足球运动场地
丰富赛事活动	◇ 广泛开展校园足球活动 ◇ 优化职业联赛结构 ◇ 支持社会足球赛事活动
壮大足球产业	◇ 大力发展足球服务业 ◇ 做大做强足球用品制造业 ◇ 促进足球产业与相关产业融合发展
培育足球文化	传承中华民族的传统文明，树立"健康、快乐、进取"的足球理念，充分发挥足球在强身健体、立德树人方面的积极作用，让参与足球成为健康生活的重要方式
促进足球开放	实施海外人才引进计划，吸引高水平的足球人才来华工作，完善出入境、居留、住房、医疗、子女教育等相关政策

51. "十三五"时期足球发展有哪八大抓手？

围绕主要任务，《规划》提出了"十三五"时期足球体制改革、校园足球普及、专业化人才培养、场地设施建设、职业联赛提升、社会足球培育、优秀企业培育、"足球+互联网"创新等八大工程（计划、行动）。

一是足球体制改革攻坚工程。主要包括深化足球协会管理体制改革，调整改革中国足球协会，完善中国足球协会内部管理机制，健全协会管理体系，逐步建立体制完善、结构合理、职责明确、规章健全、监管完善的协会管理体制，形成协会依法自主管理、科学民主决策的新机制。地方、行业足球协会参照中国足球协会调整组建。建立具有独立社团法人资格的职业联赛管理机构，负责组织和管理职业联赛。完善俱乐部法人治理结构，加快现代企业制度建设，推动俱乐部的地域化和名称的非企业化。

二是校园足球普及行动。主要包括深化足球教学改革，形成内容丰富、形式多样、因材施教的青少年校园足球教学体系。制定校园足球教学训练指南，开发校园足球网络课程并免费开放。将校园足球骨干教师纳入中小学幼儿园教师国家级培训计划等培训项目，对5万名专兼职足球师资进行培训。建立健全校园足球竞赛体系，实施全国校园足球四级联赛制度。完善考试招生政策，激励学生长期积极参加足球学习和训练。支持建设一批校园足球特色学校和试点县。

三是专业化人才培养计划。主要包括提高高等院校体育类专业招收足球专项学生的比重，鼓励吸引其他专业学生选修足球方向，依托具备条件的本科院校设立足球学院，积极在中等职业学校开设足球专业。鼓励社会力量举办足球培训机构。加快培养足球职业教练员和社区足球指导员，轮训人数逐年增加，2020年达到1万人次。健全足球裁判员培养体系，注册裁判员总量在现有基础上翻一番。

四是足球场地设施重点建设工程。主要包括全国修缮、改造和新建6万块足球场地，使每万人拥有0.5～0.7块足球场地，其中校园足球场地4万块，社会足球场地2万块。除少数山区外，每个县级行政区域至少建有2个社会标准足球场地，有条件的城市新建居住区应建有1块5人制以上的足球场地，老旧居住区也要创造条件,改造、建设小型多样的场地设施。

五是职业联赛提升计划。主要包括基本建立体系完整、布局合理的职业足球联赛架构，科学设定参赛队伍数量，形成中超、中甲、中乙联赛合理的规模结构。严格准入、规范管理职业足球俱乐部，加强行业自律。加强职业俱乐部梯队建设，扩大职业联赛影响力。提升中超联赛品牌价值，使场均观赛人次达到世界前列。

六是社会足球培育行动。主要包括在全国基础较好的50个城市建立分级制度的城市业余足球体系。在全国100个城市建立草根球队广泛参与的城市业余足球杯赛体系，并形成年度城市赛—大区赛—全国总决赛的业余足球竞赛框架。积极支持、鼓励行业、企业、人民团体、社区等社会各界举办业余足球活动，并将他们的比赛与城市足球联赛、杯赛体系相衔接。逐步构建社会足球发展体系，做好社会足球活动的宣传推广，营造广泛参与的社会氛围。

七是优秀足球企业培育行动。主要包括培养2~3家亚洲一流、世界知名的足球俱乐部，打造中国足球品牌，扩大世界影响力，推动和培育具备条件的足球俱乐部上市。支持企业加大研发设计投入力度，培育形成一批自主创新能力强、产品科技含量高、具备国际知名度的足球用品制造企业。扶持发展一批成长型足球小微企业，支持其进入各类创业平台和孵化基地，提供足球运营、足球培训、足球网络媒体和社区平台等服务。鼓励组建由制造企业、服务供应商、职业俱乐部等组成的足球产业联盟。

八是"足球+互联网"创新行动。主要包括推动互联网技术与足球产业深度融合，重点引入移动互联网、电子商务、大数据等新技术和新业态，促进足球产业多点创新。积极利用互联网平台，形成多元参与、有效竞争的赛事转播格局，为广大球迷提供丰富的转播形式和多样选择。支持开发足球类手机应用程序、互联网和手机足球游戏、足球题材动漫和影视作品。

52. 什么是中国特色的足球管理体制？

《规划》提出，中国特色的足球管理体制主要是搭建政府统筹推进、部门分工负责、社会广泛参与的管理框架。政府的主要职责是提供公共服务，营造市场环境，加强监督管理。体育行政部门加强对足球改革发展的政策研究和宏观指导，促进各职能部门协同配合。教育行政部门履行好校园足球主管责任，积极推动校园足球发展。中国足球协会主要负责统一组织、管理和指导全国足球运动发展，推动足球运动普及和提高。

53. 政府在足球发展方面要履行什么职责？

《规划》提出，政府的主要职责是提供公共服务，营造市场环境，加强监督管理。

一是履行好提供基本公共服务的职能。我国全民健身计划(2011—2015年)明确提出，要"强化体育公共服务职能，构建体育公共服务体系"。足球运动作为一项深受广大青少年和人民群众喜爱的运动项目，是全民健身事业的重要组成部分。各级政府应将足球场地建设、足球人才培养等作为履行体育公共服务职能的重要任务，利用现有的全民健身公共服务平台，引导公众投身足球运动；发挥公共财政的支持作用，建立全民健身（足球类）发展经费保障机制；推动足球公共服务的规划化、标准化、精细化运作。

二是积极营造有利于足球发展的市场环境。足球运动在我国具有广泛的群众基础，市场潜力巨大、市场空间广阔。当前，中超联赛已基本形成了稳定的球迷群体，通过电视、网络等多媒体渠道实现了广覆盖，球市的持续火爆必然带动与足球相关的衍生品的销售，同时拉动产业链上下游如电子游戏开发、住宿餐饮、会展服务等行业的发展。政府应通过简政放权，消除各类企业进入足球产业的体制机制障碍，鼓励公平竞争和创新，营造出蓬勃兴旺的足球市场。

三是相关部门各司其职加强监督管理。体育行政部门作为足球运动管理的牵头部门，一方面要加强对足球改革发展的政策研究和宏观指导，深入落实《足改方案》要求，推动各级各类足协与体育行政部门脱钩；另一方面，要促进各职能部门的协同配合，加强与教育部门和足协的沟通协调，为校园足球和社会足球发展提供专业配套和支撑。教育行政部门要履行好校园足球主管责任，推动校园足球蓬勃发展，合理开设校园足球课程，加强对足球师资的培养，适度开展各类校园足球联赛，鼓励学生利用课余时间参加足球运动。足球协会主要负责组织、管理和指导全国足球运动发展，加强对职业联赛的监督管理，净化联赛环境，推动社会足球发展，加强对各级各类社会足球比赛的指导。

54. 足球可持续发展机制的内涵是什么？

《规划》提出，健全完善足球可持续发展机制就是激发市场活力，引入多元市场主体，打破垄断和利益藩篱，依靠市场力量实现资源的优化配置。

一方面，要充分调动社会力量参与足球发展的积极性，实现足球运动经济效益和社会效益的良性循环。自20世纪90年代初启动职业足球改革以来，我国的足球市场曾一度火爆，吸引大量企业和资金进入足球产业。然而，监管缺位和假球、黑哨的猖獗，曾令众多投资者撤离足球市场。十八届三中全会提出，要使市场在资源配置中发挥决定性作用。对于足球产业而言，就是要充分调动市场活力，积极引入多元化的投资主体进入职业俱乐部和足球市场，既能提高俱乐部的独立性和有效性，真正发挥俱乐部的市场主体作用，又能利用市场化手段增加足球产业的有效供给。从足球先进国家的经验来看，足球市场的盈利模式多样，产业链条较长，产业关联度较高，对投资者具有较大的吸引力，因此，完全可以通过市场化的运作方式促进足球产业的发展。市场主体通过投资足球产业，既能获得一定的经济效益，又能提升自身形象和品牌知名度，在健康、有序的市场环境下，实现足球运动经济效益和社会效益的良性循环。

另一方面，要打破垄断，营造公平竞争环境，提升资源优化配置水平。长期以来，我国的足球市场存在着较强的行政性市场垄断现象。导致足球俱乐部难以成为自主经营、自负盈亏、自我约束、自我发展的独立经济实体，影响到市场资金对俱乐部的投入，难以形成以市场为导向、以企业为主体的良性发展格局。因此，构建足球可持续发展机制，就必须打破行政垄断、政企不分、事企不分的利益藩篱，通过引入市场机制，使所有热爱足球、希望投资足球的市场主体都能获得平等竞争的机会，使市场能够真正起到配置资源的决定性作用。

55. 足球法治体系包括哪些内容？

进入21世纪后，中国足坛爆发了一系列严重的假球、黑哨和赌球事件，严重危害了足球运动的健康发展，极大地影响了球迷对中国足球的支持与信赖。为此，《规划》提出，必须建立规范有效的足球法治体系。

一方面，要完善国家相关法律法规和足球行业规范细则。 许多足球先进国家都对足球立法或制订相关法律法规，如巴西就在1998年对本国《体育法》进行重大修改，完全改变了巴西足球原有的运动员转会制度，顺应了世界足球运动的发展趋势，极大地推动了巴西足球运动员流动和足球运动的发展。因此，借鉴足球先进国家的经验，结合我国足球发展的现实需要，应进一步修改和完善与足球运动发展相关的法律法规，并在法律法规的框架下，进一步制定足球领域的行业规范和实施细则，做到于法有据、有法可依。要加大足球法律法规的普及力度，不断增强从业人员和球迷的遵纪守法意识。

另一方面，要健全监督、执法和仲裁机制，严厉打击足球领域的违法犯罪行为。 首要的是净化赛场环境，加强足球组织、俱乐部、从业人员的诚信守则自律，树立良好的赛风赛纪，做到"四尊重"——尊重自己、尊重对手、尊重裁判、尊重观众。对于足球赛场上出现的违规违纪行为，要早发现、早处理；对违法犯罪行为，要加大司法打击力度。

56. 如何推进足球体制改革攻坚？

"十三五"时期是落实《规划》的关键时期，足球改革和发展的任务十分繁重。《规划》明确提出，在"十三五"时期要开展足球体制改革攻坚工程，重点是深化对足球协会、职业联赛管理机构和俱乐部治理结构的改革。

一是要深化足球协会管理体制改革。《足改方案》中明确指出，中国足球协会是"具有公益性和广泛代表性、专业性、权威性的全国足球运动领域的社团法人，主要负责团结联系全国足球力量，推广足球运动，培养足球人才，制定行业标准，发展完善职业联赛体系，建设管理国家足球队"。为了实现足协的改革目标，一是要按照政社分开、权责明确、依法自治的原则调整足球协会，与体育行政部脱钩，并按照社团法人机制运行。

二是要进一步完善足协内部管理机制。加强自身队伍建设，克服行政化倾向。

三是要健全协会管理体系。地方、行业足协应参照中国足协调整组建，逐步建立起体制完善、结构合理、职责明确、规章健全、监管完善的协会管理体制，形成依法自主管理、科学民主决策的机制。

57. 为什么要建立具有独立社团法人资格的职业联赛管理机构？

从足球先进国家的发展经验来看，组建职业联赛联盟和理事会有助于专业化地组织、协调和管理职业联赛，增强俱乐部在电视转播、球员转会等谈判中的主动权，从而更好地维护俱乐部和球员的利益。例如，英超联赛作为世界上最成功的足球联赛之一，离不开英超联盟的成功运作与经营。1992年成立的英超联盟由英超各个俱乐部的主席或者其代理人组成，抛开了传统足总管理模式的制约，以20支英超俱乐部整体的方式与赞助商进行谈判，拥有独立的商业开发、赞助谈判等权利，且电视转播权也脱离英足总的控制，成为可供英超联赛自己支配出售的权益。正是由于英超联盟的强大谈判实力，才得以兼顾所有球队的利益，并将联盟收入进行合理化分配，缩小强队与弱队在电视转播权收益等方面的差距，从而维护了英超各俱乐部的整体权益。从英、德、意、西等足球职业联盟的发展经验来看，职业联盟成立的背景基本上都是在各俱乐部连年赤字而足协却坐享其成的情况下发生变革的，联盟的主要任务是确保职业联赛的正常运转，加强对俱乐部的管理，同时制定包括电视转播权在内的商业开发计划，合理分配各俱乐部之间的收入分成。职业联盟的出现使足协能够从联赛管理中抽身，将主要精力用于管理国家队，同时也能更好地反映各个俱乐部的诉求，更好地协调相关主体的利益关系。因此，《规划》提出，在我国足球运动的发展过程中，有必要借鉴国际经验，成立具有独立社团法人资格的职业联盟，理顺职业联赛管理机制，整体提升联赛的竞技水平和经营状况。

58. 为什么要推动俱乐部的地域化和名称的非企业化？

从国际经验来看，俱乐部在早期发展时通常带有鲜明的企业特色，但是，随着俱乐部的发展壮大，企业的色彩也在不断淡化。为了融合城市形象，培养当地足球爱好者对俱乐部的归属感，俱乐部通常会选择固定的城市，长期扎根和深耕于此，打造"百年老店""百年品牌"。例如，谈到英超联赛，就必然会想到曼彻斯特，因为这座城市孕育了两支知名的英超球队：曼联俱乐部和曼城俱乐部；提到西甲，必然会想到马德里和巴塞罗那，因为它们分别是皇家马德里俱乐部和巴塞罗那俱乐部的所在地。这些以城市名称命名的俱乐部会让每个为这支球队效力的球员、每个支持这支球队的球迷都有一种强烈的归属感。相比之下，中超联赛中还有球队过着"东奔西走"的生活，因为球队经营上的困难而被转让到异地，而每一次转让通常还伴随着球队名称的变化（见专栏），因此，引导俱乐部逐渐实现"属地化"和名称的非企业化，既可以让俱乐部投资人量力而行，不盲目搞薪酬上的攀比，也可以推动实现俱乐部股份制，不会因为任何一家投资者经营不善而导致俱乐部无法生存。

专栏：一支"东奔西走"的中超球队

由于股权的不断转移，一支球队的命运可能就此改变，例如上海浦东足球俱乐部。1995年上海浦东足球俱乐部成立，2000年因为上海中远等多家公司合资收购上海浦东足球俱乐部的全部股份，俱乐部更名为上海中远汇丽足球俱乐部。从此，这支俱乐部在"改名、迁址"的道路上走上了瘾，先后因为股权转移改名为上海国际、上海永大。由于球队面临的竞争压力越来越大，俱乐部决定2006年1月正式从上海搬迁到西安，更名为西安浐灞国际队，后更名陕西宝荣浐灞。2012年，俱乐部因为集团的发展需求再次经历搬迁，来到贵州，并更名为贵州人和，至今仍活跃在中超赛场。

（资料来源：人民网，"东奔西走俱乐部：国安扩张转移 富力四处流浪"。http://sports.163.com/15/0424/10/ANV729I100051C89.html）

59. 如何推进足球赛事和活动安保服务的规范化和社会化？

近年来，频繁举办的各类足球赛事活动和球市的火爆使得比赛安保压力不断加大。为确保足球赛事的公共安全保卫，相关人力物力财力投入持续攀升。但是，由于缺少相关法律法规和安保费用标准，赛事安保服务客观上存在着不透明、不规范等现象，并容易滋生寻租腐败等问题。为此，借鉴足球先进国家足球赛事和活动安保服务经验，《规划》提出，要完善足球赛事和活动安保服务标准，积极推进安保服务规范化、社会化。

一是应尽快明确赛事安保服务的收费标准。赛事安保服务作为一项准公共服务，需要多部门协调联动，以确保赛事安全有序开展。当前，各地的足球赛事安保服务普遍缺少收费标准，存在较大随意性，受到赛事主办方和俱乐部的诟病。因此，相关部门应尽快明确赛事安保服务的收费标准和类别，制定具体实施细则，使赛事安保服务走向公开和透明。

二是应加快推动赛事安保服务的社会化。当前，我国足球俱乐部在安保服务供应商的选择上缺少自主权，赛事安保工作市场化、社会化程度较低。俱乐部在支付高额安保费用的同时，却难以获得优质的安保服务。为此，应加快打破赛事安保服务领域的政府垄断，逐步实现由俱乐部自主选择安保公司，增加社会安保服务机构的参与和竞争，明确安保公司和俱乐部之间的权责关系，因此，既可以提高俱乐部对赛事安保工作的控制权，还有助于降低安保支出。

60. 怎样发挥校园足球的重要作用？

发展校园足球对于促进青少年的健康成长，振兴中国足球事业，意义重大。青少年是我国足球的基础和希望，推动青少年参与足球运动和训练，不仅有助于强身健体，提高身体素质，培养运动兴趣，更重要的是增强学生的团队意识，锻炼意志品质，培养学生奋发向上、进取有为的精神面貌，也有助于形成积极健康的人格与

情绪状态。近年来，我国校园足球事业蓬勃发展，体制机制不断完善，发展模式不断创新，校园足球特色学校已达到13 500多所，每年举办各类比赛十万余场次，青少年足球人口基数不断扩大。

　　一是强化育人功能，科学把握校园足球定位。校园足球面向广大青少年，应当牢牢扎根教育，要始终把育人摆在第一位。推动青少年的校园足球又好又快地发展，必须要尊重学生健康成长的权益，正确处理重点培养和广泛参与的关系、个性特长与全面发展的关系、竞技性与群众性的关系、校园足球与学校体育、社会体育的关系，要做到既符合足球运动的规律，又符合教育和人才成长的规律，要充分发挥足球的教学、训练、竞赛等各环节的多元育人功能，推动体育与德育、智育、美育紧密融合，让青少年"既野蛮其体魄，又文明其精神"。

　　二是创新体制机制，提高校园足球的普及水平。发展校园足球，普及是基础，要把加快普及作为当前工作的重中之重，千方百计、因地制宜地抓紧抓好。一要以统筹联动来推动普及，也就是统筹城乡区域布局，统筹各级各地学校，统筹部门政策措施，统筹各类社会资源，鼓励有基础的地方和学校先行先试。二要以模式创新来加快普及。近年来，青岛、武汉、上海、大连、郑州等地做了积极探索，形成了各具特色的发展模式，是值得借鉴推广的。三要以特色示范来引领普及。在现有五千多所定点学校的基础上支持建设2万所校园足球的特色学校，建设200个高校高水平的足球运动队，示范带动校园足球的普及和推广。

　　三是增强学生、家长对足球的认同感。在一些足球先进国家，浓厚的足球文化氛围使得家长普遍支持学生开展业余足球训练，参加职业或业余俱乐部组织的足球课程。这种支持并非以成才或成绩为目的，而是将足球视为对学生意志品质和身心体魄的一种锻炼。当前，我国中小学生的课业负担较重，升学压力较大，导致学生没有时间和精力参加包括足球在内的各类体育运动，而学生家长也普遍存在着对足球运动会使学生受伤或影响学生成绩的顾虑。因此，应着力改变学生和家长对足球运动的片面认识，鼓励更多家庭支持学生参加课余和校外足球活动。

　　四是以市场化、社会化为导向，构建多渠道、多形式的人才发现和培养机制。单纯依靠学校有限的足球课程并不足以培养出足球人才，对于身体条件良好、具有一定足球天赋的学生，鼓励其参与市场化的足球学校、训练营或训练基地，在专业足球教师的指导下开展足球训练。

61. 如何深化校园足球教学改革？

长期以来，造成我国中小学校园足球教育滞后的主要因素，既包括校园足球文化的落后，也包括教学手段、教学模式的不足。因此，《规划》提出，深化校园足球教学改革，就是要形成内容丰富、形式多样、因材施教的校园足球教学体系。

一是要更新足球教学理念。以单纯追求竞赛成绩为核心的足球教学理念早已经不适用于青少年校园足球的发展。从国际经验来看，足球先进国家在中小学阶段普遍重视培养青少年的足球理念，如享受足球带来的快乐、尊重他人（包括队友、对手、裁判和观众）、参加比赛就要全力争胜等。这种积极向上、简单快乐的足球理念，使孩子们在刚一接触足球运动时，就能够在一种欢乐的足球氛围中，享受过程、相互尊重，共同努力去争取比赛的胜利，这对于中小学生的身心健康成长具有极为重要的正面影响。因此，深化足球教学改革，首先就是要在中小学生和体育教育工作者中普及这种快乐足球理念，摈弃唯成绩论的落后思想。

二是要创新足球教学方式。在教材编写上，校园足球主管部门应结合实际，制定校园足球教学训练指南，在有条件的地区开发校园足球网络课程并免费开放；在足球课程设置上，要将足球课普遍纳入体育课程，并采取诸如启发式教育等形式多样的教学模式，提高学生的参与度和认知度，加强师生互动频率，使学生乐在其中、寓教于乐；在营造足球文化上，要通过足球知识和技能的传授，使学生感受足球文化丰富的内涵，体验运动激情。

三是要改变足球教学评价方式。校园足球教育的目的就是要使学生从足球运动中感受快乐、强身健体，而并非片面地强调对学生的技战术训练，也不应以简单的胜负标准对学生的运动能力进行评判，更不应以竞赛成绩对足球教师的教学水平进行评价。因此，校园足球教学的评价要坚持以人为本，着眼于学生的全面发展，重视对学生意志品质和自信心的培养。

62. 如何解决校园足球师资力量不足的问题？

当前，中小学体育教师结构性缺编现象在各地较为普遍，而懂足球的体育教师

堪称匮乏，严重影响校园足球的开展和普及。只有打造一支懂足球、善管理、有专长的青少年足球师资队伍，才能支撑校园足球扎实普及、加快发展和提升水平。

一是要加强对现有足球师资力量的培训。目前，教育部已按照国务院关于加强青少年校园足球师资队伍建设的总体要求，从2015年起到2020年持续开展专项培训。专项培训采取集中学习、实践实训等方式，对中小学足球特色学校的体育骨干教师、长期从事足球课余训练的教练员、裁判员等进行培训。此外，在"十三五"期间，为提高校园足球师资水平，《规划》还提出将校园足球骨干教师纳入中小学幼儿园教师国家级培训计划等培训项目，对5万名专、兼职足球师资开展大规模培训和轮训。通过持续性的专项培训，大幅提高校园足球教师的教学实践能力和示范能力，普及足球教学和足球人才成长规律，全面提升足球教师、教练员、裁判员等专业人才和相关管理者的认识水平、业务能力和综合素养。

二是要积极引进外部师资力量。我国的青少年足球师资水平严重滞后于足球先进国家，足球培养理念和足球教学手段的落后，将严重制约我国校园足球水平的提高。为此，应加快引进国外优秀足球教师和高水平足球教练员，通过短期培训、集中授课等方式，聘请国外优秀师资到校园进行指导，对基层足球教师进行强化培训。

63. 校园足球特色学校和试点县是如何选择的？

《规划》提出，要支持建设一批校园足球特色学校和试点县。

一是要统筹兼顾，合理匹配。特色学校遴选要统筹城乡、区域和学校类型，按高中、初中和小学1∶3∶6的基本比例合理匹配，适当向寄宿制学校和九年一贯制学校倾斜。要有利于区域联赛开展和校园足球的普及。鼓励民办学校争创校园足球特色学校。

二是要注重衔接，便于升学。遴选特色学校要按照就近入学的要求，充分考虑单校划片、多校划片现状，优先遴选片区内小升初对口直升学校。可向优质高中和具有招收特长生资格的学校倾斜，要有利于学生升学和长期习练足球。

三是要立足长远，因地制宜。着眼于中长期发展，从实际出发，量力而行，注重引导，鼓励多元化，吸引和鼓励更多的学校提高体育教学质量，努力争创校园足球特色学校。

四是要做好存量，发展增量。要对区域内已有"校园足球定点学校"、"体育传统项目学校"进行评估调整，并纳入遴选范畴，在建设好存量的基础上，逐步扩大遴选范围，培育种子学校，成熟一批，发展一批。对经综合认定的学校和县（区），教育部命名为"全国校园足球特色学校"和"全国校园足球试点县（区）"并授牌。特色学校和试点县（区）享有本地有关部门给予的有关校园足球教学、训练和竞赛、招生、经费和条件保障等方面的政策支持。同时，国家对特色学校和试点县（区）在校园足球教学、训练和竞赛、师资培训、选送学生培训等方面也将给予一定的支持。特色学校和试点县（区）情况要纳入对地方政府教育工作、各级教育行政部门年度工作的考核。鼓励各地依据全国校园足球特色学校基本标准，开展本地校园足球特色学校建设工作，形成建设梯队。

64. 怎样构建社区足球指导服务体系？

社区足球指导服务体系是足球人才培养体系的重要内容，同时也是推进全民健身的重要手段。建设社区足球指导服务体系，有利于弘扬健康足球、快乐足球的发展理念，激发基层社区的生机与活力，丰富社区居民的业余文体生活，形成各具特色的社区足球文化。为此，《规划》提出：

一是要提高社会指导员的技能水平。按照国家体育总局《社会体育指导员发展规划（2011—2015年）》提出的目标，到2015年，获得社会体育指导员技术等级证书的人员注册数将从2010年的65万人增长到100万以上；城市达到每千人至少拥有1名社会体育指导员；农村达到每两千人至少拥有1名社会体育指导员。截至2014年，我国已拥有147万名社会体育指导员，意味着平均每千人就有一位社会体育指导员，提前完成了规划目标。然而，在这些指导员中，具备专业足球技能和教学经验的极少，难以满足社会足球发展的需要。因此，在足球人才体系培养中，应充分发挥社会体育指导员的作用，提高其足球技能及教学水平，吸引一大批具有足球专业技能的人员加入社会体育指导员队伍，鼓励其开展安全、便捷的足球指导服务。

二是在有条件的地区探索设立社区足球指导员专门岗位。考虑到足球运动专业技术性强等特点，应鼓励设立社区足球指导员专门岗位，作为社会体育指导员的一

部分。当前，在一些足球群众基础较好、经济社会发展水平较高的地区，如广州、青岛等地，已开始尝试探索设立专业的社区足球指导员或社区足球志愿服务队，一些足坛宿将和曾经从事过足球运动的专业人士纷纷参与其中。这种具有专业水平的社区足球指导员经过培训、考核合格后，将为社区居民开展足球运动提供技能指导，带动更多人参与社区足球发展。

三是鼓励专业教练员、裁判员服务城乡社区和校园。当前，城乡社区和校园足球发展面临的主要瓶颈之一就是缺少专业足球指导。应鼓励体育院校、专业足球队、足球俱乐部组织运动员、教练员和裁判员深入基层，加强对校园足球师资力量和社区指导员的专业培训，以"一帮一""结对子"的方式，指导基层足球运动发展。

65. 怎样建立职业足球运动员良性发展机制？

职业足球运动员是我国足球人才队伍的骨干力量。要成为一名合格的职业足球运动员，不仅要有强壮的体魄和一流的身体素质，还要具备纯熟的足球技能、较强的足球意识以及稳定的心理状态。由此可见，要培养一名优秀的职业足球运动员，不仅需要运动员个人的艰苦付出，更需要建立一整套体制机制，来促进职业运动员的合理选拔、科学培养、有序退出，实现整个职业运动员队伍的良性发展。

《规划》提出，**一是要逐步增加注册球员数量**。当前，我国男女足注册球员人数严重偏低，与我国扩大足球人口和建成足球强国的目标极不相符。因此，需要进一步优化发现和选拔机制，在基层学校、社区、部队等广撒网、全覆盖，扩大足球人才选拔面，使那些技术过硬、素养较高的优秀足球运动员能够脱颖而出。

二是要坚持运动技能和文化教育相结合。国外优秀职业运动员普遍拥有较好的文化基础和较高的职业素养。以日本为例，学生必须高中毕业，才有机会被选拔到职业队中踢球，在日本的职业球员中，70%是高中毕业，30%是大学毕业。日本足协负责人曾表示，如果文化课不过关，即使最优秀的球员同样不能参加比赛，甚至会被教练劝退去读书。长期以来，我国足球运动员的培养重训练、轻文化，许多参加专业足球训练的学生不仅没有成长为职业选手，由于教育上的短板，转行从事其他行业都极为困难。因此，必须要强调足球训练与文化教育并重，提高运动员的文化素养。

三是建立和完善足球运动员社保机制和就业培训制度。考虑到足球运动员运动年限短、运动强度大、伤病伤残多等职业特点，应建立与当前社会保障机制相衔接的运动员社保政策和办法。同时，加强对退役运动员的就业培训。鼓励其参加各级各类职业培训并获得相关资格证书，支持有关院校和培训机构开展对退役足球运动员的职业技术培训。

66. 怎样拓宽退役足球运动员的转岗就业渠道？

退役运动员是我国足球发展的宝贵财富，他们积累了丰富的足球实践经验，有条件在更广阔的空间获得发展。许多退役运动员在这方面已经做出了表率，成为我国足球人才师资培养的中坚力量。

《规划》提出，要拓宽退役足球运动员的转岗就业渠道，**一是要加强对退役运动员的多技能培养培训力度**。既要从根本上提高运动员的科学文化素质，使其在役时尽可能获得体育专业毕业文凭和体育运动技术项目登记资格，为他们退役后在体育行业就业做好必要的准备工作。在足球运动员退役后，要鼓励其参加职业技术院校举行的各类相关职业技能培训，以及社会举办的各类技能培训，使其具备"一技多能"。

二是要鼓励其从事与足球相关行业。例如，支持退役运动员向足球教练员、裁判员、社会体育指导员、企事业单位和足球协会管理人员进行转岗，打通其职业发展通道。同时，对具有突出技能且急需紧缺的退役足球运动员适当放宽门槛准入，允许其在职接受继续教育和资格培训，以获得相关职业要求的资格证书等。

三是支持退役运动员创建体育经营实体或从事个体经营。结合"大众创业、万众创新"等相关政策，政府对退役足球运动员创业给予一定支持。

67. 怎样培养足球产业复合型人才？

当前，我国足球产业方兴未艾，在政策利好的影响下，各路资本云集，新一轮投资正在蓬勃兴起。一个行业的发展离不开高素质的人才队伍，与足球产业广阔的市场空间相比，我国的足球产业人才却极为匮乏，专门从事足球产业运营管理的人才更是凤毛麟角。

为此，《规划》提出，要大力培养适合中国足球产业发展需要的复合型人才。

一是要通过多种形式培养足球行业人才。在一些足球先进国家，如英国的很多大学都开设有足球相关的课程，有些课程甚至不需要体育背景就可以申请，利物浦大学还设置了足球产业工商管理硕士专业（Football Industries MBA）。而在我国，除了体育专业院校，几乎没有开设足球相关课程的学校。为此，应支持各类高等院校、科研院所、中职教育、职业技能培训和继续教育培训等教育机构，设置足球相关课程，加大足球行业人才培养力度。

二是要重点培养足球行业专才。从国际经验来看，足球市场的运作与开发已经形成了一整套比较规范和专业化的流程，涉及资本运作、营销推广、中介服务等多个领域，这就对参与其中的足球产业人才提出了较高的要求。下一步应结合市场需求，重点发展经营管理、资本运作、营销推广、研发设计、中介服务、文化创意等足球专业人才队伍。

三是加强足球产业人才的国际合作与交流。足球产业在我国还处于起步阶段，虽然近年来发展迅速，但是与国际足球产业相比，差距仍然巨大。因此，随着足球国际交流的日益频繁，应推动足球产业人才走出国门，与足球先进国家的从业人员开展广泛交流与合作，借鉴国际成熟经验，推动我国足球产业与国际接轨。同时，吸引更多的国际足球产业人才到中国发展，引入先进的足球产业经营理念和运作方式，提高我国足球产业发展整体水平。

68. 为什么要鼓励社会力量举办足球培训机构？

　　作为一项深受广大青少年喜爱的运动项目，足球培训在我国已具备了一定的群众基础。许多家长出于孩子未来前途或强身健体的考虑，将中小学生送入足球培训机构进行专业或业余训练。当前，我国的足球培训机构主要包括两类，一类由体育行政部门、各级足球协会或足球专业团体兴办，另一类则是由社会力量，如知名退役运动员或教练员、企业、俱乐部等举办。

　　《规划》提出，要在"十三五"时期鼓励和支持社会力量举办足球培训机构。

　　一方面，满足群众需求必须要依靠社会力量。随着足球热逐步升温，家长和学生对参加专业或业余足球训练的兴趣也在不断增加。仅靠政府兴办的少量足球培训机构，难以满足人民群众对足球培训的旺盛需求。从国际经验来看，如日本的许多中小学生都是在课后参加由俱乐部或社会力量组织的业余足球训练，这类机构作为学校足球的有益补充，能够从中发现大量的足球苗子。

　　另一方面，社会力量举办培训更灵活、接地气。社会力量兴办足球培训的优势在于体制灵活、形式多样。例如，有的培训机构尝试将我国传统的足球体校模式和国外流行的俱乐部模式相结合，探索青少年足球培训中普及和精英培养齐头并进的方案，取得了良好效果。此外，一些企业和俱乐部还通过高薪聘请国外知名的青训教练，引入国外先进的训练和选拔理念，并在挑选学员的过程中将其推广到基层学校和社区。总体来看，鼓励社会力量举办足球培训机构，推动形成多样化、多元化的培训体系，既能够满足学生及家长的需求，也能够提高青少年足球普及水平。

69. 如何理解足球场地建设要面向基层、服务群众？

　　足球运动是一项深受广大群众喜爱的运动，但在基层的普及率较低。造成这一现象的主要原因：

　　一是足球场地设施严重不足。根据第六次全国体育场地普查结果，我国现有足球场地1万余块，平均每13万人拥有1块足球场地，而一些足球先进国家，如德国，每万人拥有7块足球场地。从城市层面来看，伦敦平均每万人拥有4块足球场地，而

作为我国足球基础设施较为完善的城市之一，广州市平均每万人拥有的足球场地仅为0.76个，与足球先进国家还存在着不小的差距。

二是足球场地对外开放严重不足。我国现有的足球运动场地主要集中在各类大中小学校和机关团体，对外开放率较低。例如，广州现有足球场977个，仅有380个对外开放，开放率为38.89%。这是因为当地八成以上的足球场属于教育系统，而这部分场地的开放率不足三成。在足球先进国家，如寸土寸金的东京，不包括中小学校在内，分布在公共区域、对公众开放、可以进行比赛的足球场地群（每个场地群包含数块标准足球场地）就多达113处。为了解决足球场地数量不足及开放率偏低的问题，《全国足球场地设施建设规划（2016—2020年）》（以下简称《场地规划》）提出要以群众健身、足球普及为导向，以校园和社区为重点，以就近和方便为原则，建设群众身边的足球场地设施，大幅提高场地设施的覆盖率，方便城乡居民就近参与足球运动。

70. 如何理解足球场地建设要因地制宜、分类指导？

我国是一个幅员辽阔、人口众多的国家，各地的自然环境和人文条件差别较大，城乡发展极不均衡。因此，在足球场地的建设数量、类型及标准上，不能搞"一刀切"，要遵循因地制宜，分类指导的原则。一方面要因地制宜。充分考虑我国不同地区的人口分布情况和集聚情况，在一些人口比较稠密且城市建设用地比较紧张的地区，以建设非标准足球场地为主，充分利用公园绿地、闲置厂房、社区空置场所等；而在一些人口较少但城市建设用地比较充裕的地区，在财力允许的条件下，可多建设标准足球场。另一方面要量力而行。足球场地设施的建设要与当地的经济发展水平、地理条件等相匹配，既要考虑经济上的可承受力，也要充分考虑便利性和就近性，贴近社区和集中居住区域，合理布点、科学布局。

71. 如何理解足球场地建设要政府引导、多方参与？

足球场地建设属于政府的公共服务职能之一，具有准公益性，因此，要强化政府在规划、政策、标准和投入方面的责任。

一是加强规划引导。各地应结合本地实际，开展前期调研，摸底现有足球场地数量、面积、开放率、分布特征等指标，在此基础上，通过科学规划、合理布局，引导本地足球场地建设。例如，2015年，广州市出台了《广州市社区小型足球场建设布局规划》，提出在三年内建设100个社区小型足球场。

二是完善财政、土地等扶持政策。一方面加大投入，支持基础性、公益性足球场地设施建设；另一方面，将足球场地设施建设纳入城乡规划、土地利用总体规划和年度用地计划，对公益性足球场建设用地予以保障。

三是制定和完善相关标准。相关部门要加快出台各类足球场地设施规范和安全标准，避免因场地建设不规范造成的安全事故。例如，笼式足球场具有所需人数少、占地面积小、安全系数高等特点，近年来颇受青年足球爱好者的喜欢，但是由于相关标准不够完善，也出现过围网材质老化导致断裂等安全隐患。

四是强化政府资金引导。逐步取消对社会资本建设和管理足球场地设施的限制，采用PPP等多种方式，吸引社会力量参与场地设施的建设、运营和维护。由于足球场地设施运营和回报的周期较长，政府在引进社会力量时，应保持政策的稳定性，为民间资本提供稳定收益预期。

72. 如何理解足球场地建设要建管并重、提高效益？

足球场地设施建设需要投入大量土地和资金，建成后更需要加强维护和管理。长期以来，重建设、轻管理的现象在体育场地运用中普遍存在，管理人员素质不高，缺乏经营意识，是造成场地设施运转效率低下的重要原因。特别是一些已建成的足球场地设施，由于归属问题和管理不善，导致运营困难，造成国家投入的严重浪费。因此，一方面要增加供给，盘活存量。通过改扩建等方式，提高场地设施的开放度，发挥既有资产的实际效益；另一方面，要注重运行管理，通过引入第三方管理机构和高素质的管理团队，提高场地设施的利用效率。

73. "十三五"预期全国要建设多少足球场地？

根据第六次全国体育场地普查结果，我国现有条件较好的足球场地10 628块，约每13万人拥有1万块足球场地。《场地规划》提出，"十三五"期间，我国将新增足球场地约6万块，其中，校园场地增加约4万块，社会场地增加约2万块，这些新增场地将以修缮改造和综合利用为主。到2020年，全国足球场地总量超过7万块，每万人拥有足球场地达到0.5～0.7块。目前，我国有部分地区已经达到或者超过这个水平，如南京每万人拥有0.6块足球场，广州0.8块，内蒙古二连浩特2.5块。

74. 校园足球场地建设有什么目标要求？

校园足球场地是大中小学生开展足球运动的主要场所，占到我国当前现有足球场地数量的2/3以上。为此，《场地规划》提出，在"十三五"时期修缮、改造、新增校园足球场地4万块。其中，每个中小学足球特色学校均建有1块以上的足球场地，到2020年，我国将拥有2万所中小学足球特色学校，预计将新增2万块以上的足球场地。截至2014年，我国拥有普通高等职业学校2 529所，民办高等教育机构799所，合计3 328所。按照《场地规划》要求，其中有条件的高等院校均建有1块以上标准足球场地。对于其他学校，《场地规划》提出，也要创造条件建设适宜的足球场地。截至2013年，我国拥有普通小学、普通初中和普通高中约28万所，其中，绝大多数校园都建有运动场地，稍加改造利用即可成为足球场地，据测算，预计"十三五"时期将至少新增足球场地2万块。

75. 社会足球场地建设有什么目标要求？

社会足球场地是广大人民群众开展足球运动的主要场所。当前，各地向公众开放的社会足球场地较少，难以满足群众的运动需求。因此，《场地规划》提出，到

2020年，要改造新建社会足球场地2万块。其中，除少数山区外，每个县级行政区域至少要建有2个社会标准足球场地。截至2014年，我国县级行政区划数为2 854个，如果按照每个县级行政区域建有2个以上标准足球场地的标准，到2020年，保守估计将拥有县级足球场地5 000块（含改造和新建）。《场地规划》提出，城市新建居住区应建有1块5人制以上的足球场地。目前，我国新建住宅区普遍规划有小区运动场地，因此，规划人口较多的新建住宅区，大多具备建设1块5人制足球场地的条件。为方便社区居民开展足球运动，对于城市老旧居住区，也应创造条件改造建设小型多样的场地设施。预计到2020年，城市新建和改造各类社会足球场地可达到1.5万块。

76. 建设足球场地的资金从何而来？

　　足球场地建设所需的资金规模是比较大的。从使用土地的征收、招拍挂，到地面的硬化、草坪的安装、石英砂和橡胶颗粒的填充以及球门、灯光、围网等的架设，再到看台、外墙、大屏幕和停车场等配套设施的建设，统算起来还是很"烧钱"的。英超豪门阿森纳俱乐部于2006年建成并搬入的"酋长球场"，耗资约合3.9亿美元。英格兰队的主场温布利大球场，从2000年到2007年的重建，花费高达12.5亿美元。

　　我国是发展中国家的基本国情和以普及为导向的足球发展思路，决定了在当前和未来一段时期，我们建设足球场不能贪大求奢，而是要节约集约利用资源，以合理的成本来推进足球场地设施建设。根据相关测算，目前建设一块11人制标准足球场地的成本约为400万元人民币，建设一块其他制式的场地成本约为100万元。即便是按照这样的建设标准，要实现《规划》提出的到2020年全国修缮、改造和新建6万块足球场地的"十三五"足球场地设施重点建设工程任务，总投资也要达到上千亿元。这样的投入规模，仅靠财政投入难以为继，仅靠民间资本也是杯水车薪。因此，需要多方筹措资金，利用多种渠道解决场地建设资金问题。此外，还要积极利用和盘活存量资源。

　　为此，**一是要加大公共财政投入**。从中央财政来看，要通过现有资金渠道支持场地建设。例如，校园足球场地设施的建设，应该在国家财政性教育经费中，通过既

定的渠道予以重点解决。从地方来看，地方政府在财政性资金的分配中，应对基础性、公益性的足球场地设施建设有所倾斜，重点推进社会足球场地的新建和改造。

二是要吸引社会资本投入。要鼓励内资企业、境外资本和经济实力雄厚的个人来投资建设、运营足球场地，对投资兴建足球场地的各类社会投资者予以公平、适当的政策优惠，并且保持政策的连续性和稳定性，形成积极、稳定的政策预期；对社会各界捐资修建足球场地的，还要给予荣誉鼓励，发挥其正面引导作用，激发全社会投资足球的热情和动力。

三是要推动政府和社会资本合作。在足球场地设施的建设上，可以采取公建民营、民办公助、BOT、BT等公私合作模式（PPP）的方式；在足球场地的运营管理上，可以采取委托管理、第三方托管等方式。应鼓励各地根据本地实际情况，因地制宜地开展足球场地建设。

77. 如何推进足球场地设施向社会开放？

我国足球场地的人均拥有量与足球先进国家相比，仍有不小的差距。在加快建设的同时，必须推进足球场地向社会开放，才能使有限的资源投入发挥更大的作用。

校园足球场地是足球场地的主体部分，但是，出于对校园安全的考虑，校园场地开放的状况并不乐观。教育部门尤其是中小学校普遍担心，学生尚未成年，自我保护的意识和能力不强，而外来人员身份复杂，万一有违法犯罪分子进入校园，将会给学生甚至教师的人身和财产安全带来威胁。各地不时发生的校园伤害事件，教训十分深刻，给校园安全不断敲响警钟。即便进入校园的人员都是守法公民，在进行足球活动时，造成师生受伤，或者其自身受伤，该由谁来承担意外伤害的责任，也是困扰教育部门和学校管理者的难题。

《场地规划》提出，在确保正常的教学秩序和校园安全的前提下，应加快推动校园场地在业余时间向学生开放、向社会开放，建立学校和社区场地资源共享机制，显著提高校园场地综合利用率。首先，明确了校园场地开放的前提是确保教学秩序和校园安全，不能盲目开放、无序开放；其次，明确了开放的时间是课余时间；再次，明确了开放对象不仅包括社会人员，也包括学生；第四，还提出了学校和社区共享机制，有利于发挥两个积极性，依靠教育管理和基层治理两种力量，来促进校园安全和场地开放的双赢。

除学校场地以外，社会场地也要开放。《场地规划》提出，公共体育设施方面，应坚持以公益为导向，政府投资兴建的足球场地应免费或低收费向社会开放。其他社会场地方面，要引导厂矿企业、机关事业单位等所属的足球场地设施向社会开放；通过政府购买服务等方式引导营利性场地设施为群众健身服务；鼓励职业俱乐部以适当形式开放场地，以供训练、比赛和参观学习。

此外，在场地设施高效利用方面，《场地规划》还提出，要建立场地设施的长效运行机制，明确校园和公共足球场地开放的条件和要求，对设施状况、开放时间、收费价格等予以公开明示。

78. 校园足球活动的导向是什么？

过去一段时期，包括校园足球在内的校园体育活动，过于重视比赛和成绩。不少学校开展足球活动，都是以相关比赛为重要活动平台，以优异的比赛成绩来赢得主管部门和社会的认可。这偏离了体育本身的育人功能，也不利于足球运动在校园的普及。

《规划》提出，开展校园足球活动应以强身健体和快乐参与为导向。《规划》中关于校园足球发展的部署，都紧紧围绕这一导向。例如，加强校园足球建设，把足球列入体育课教学内容，发展足球社团，培养足球兴趣，开展足球竞赛活动，不断培育足球爱好者和足球人才。这就把竞赛作为一种类型的活动，而不是校园足球的全部内容或核心内容。又如，以增强学生体质和意志品质、普及足球知识和技能、培养足球兴趣爱好为目的，举办多种形式的校园足球活动。这就要求校园足球的发展，不能再唯比赛、唯成绩论，而是要注重强身健体和快乐参与。再如，逐步健全高校、高中、初中、小学校园足球四级赛事，科学、合理、适度组织竞赛活动。其中，适度的要求确保了不会过度强调竞赛成绩，而忽视普通学生的健康和参与。

79. 如何改进职业联赛的框架布局？

职业联赛的框架布局主要是指职业联赛不同层级的参赛球队的数量结构。从足球先进国家的联赛来看，大都呈现自上而下队伍数量越来越多的框架布局。例如，德国的联赛系统，第一级是甲级联赛，有18支队伍；第二级是乙级联赛，也有18支队伍；第三级是丙级联赛，有20支队伍；第四级是地区联赛，有54支队伍；第五级是联会联赛，有126支队伍。这样的联赛体系，基础更牢，参与更广，水平也因而更高。

《规划》提出，要改进职业联赛框架布局，形成中超、中甲、中乙参赛球队数量递增的联赛结构，稳定扩大中甲、中乙联赛队伍规模，提升职业联赛竞赛质量。简言之，就是要推动形成中乙联赛队数量大于中甲，中甲队数量又大于中超的结构。为了让上述框架布局更好地运转，《规划》还提出，要推进职业联赛管理现代化，不断提升联赛运行管理的水平，推进职业俱乐部建立现代治理结构。

80. 如何实施职业联赛提升计划？

《规划》将职业联赛提升计划作为"十三五"时期丰富足球赛事活动的一项重点任务，从四个方面进行了部署。

一是从宏观上调整结构，要基本建立体系完整、布局合理的职业足球联赛架构，科学设定参赛队伍数量，形成中超、中甲、中乙联赛合理的规模结构。这是对改进职业联赛框架布局的细化要求，其中，体系完整、布局合理的要求，不仅是针对职业联赛本身，而且是针对职业联赛与校园足球赛事体系、社会足球赛事体系之间衔接的要求。

二是从微观上科学监管，严格准入、规范管理职业足球俱乐部，加强行业自律。没有科学的监管，就没有良性运转的联赛。监管包括入口、过程、出口三个环节。入口是指联赛的准入，目前，有个别俱乐部在场地设施、梯队建设等方面没能达到基本要求，但仍在正常参与联赛，严重影响了联赛的整体水平，也严重削弱了联赛管理的权威性和公信力。"十三五"时期，一定要把好入口，不能让不合格的俱乐部进入联赛体系。过程是指联赛的运转和俱乐部的运营，在这方面，要密切监测，正确引导，及时掌握动态，及时发现问题，确保依法竞赛、公平竞赛的底线。出口是指俱乐部的退出机制，对于出现问题的俱乐部，要限期整改，如果整改后仍然达不到联赛管理的相关要求，就应该按照一定程序退出，保证联赛整体的良性运转。

三是从长期可持续的角度，要加强职业俱乐部梯队建设。后备人才的培养对于职业俱乐部来说，具有重大战略意义。足球先进国家的职业俱乐部，特别是一些百年历史的顶级俱乐部，都对梯队建设十分重视，不只是关注一线球队的比赛成绩，而且注重对二三线球队特别是青少年梯队的投入。过去一段时期，我国的一些职业足球俱乐部，往往只重视短期的利益和当前的竞赛成绩，而忽视了梯队建设，导致后备力量严重不足，俱乐部的发展不具有可持续性。因此，《规划》特别提出了加强梯队建设的要求。

四是从国际影响力的角度，提升中超联赛品牌价值，使场均观赛人次达到世界前列。我国拥有数以亿计的球迷，为打造具有国际影响力的中超联赛提供了坚实的市场基础。随着球市的回暖，中超联赛场均观赛规模已经达到了1.5万人次。这一规模尽管在亚洲领先，但与世界顶级赛事相比，仍有一定的差距。据《Sportsmail》统计，德甲联赛的场均人数超过4.2万人，西甲在2.7万人左右，意甲也有2.3万人。在扩大观赛规模的同时，还应通过多种方式，提升联赛的品牌价值。例如，培育若干在亚洲乃至世界有影响力的足球俱乐部，就是一种可行的方式。

81. 为什么说社会足球赛事活动是扩大足球群众基础的重要途径？

社会足球赛事是足球赛事活动的重要组成部分，也是扩大足球群众基础的重要途径。德国是足球人口和注册球员占比都很高的国家，非职业联赛与职业联赛一样活跃，甚至很多村子都组建足球队，并参加有升降级的联赛。有的村级足球队拥有上百年的历史，很多球队不仅拥有天然草皮球场，还有多个年龄段的青少年梯队，赛事活动十分丰富。

借鉴足球先进国家的有益经验，立足于我国足球人口和场地设施的客观条件，

《规划》提出了支持社会足球赛事活动的四点举措：一是鼓励因地制宜、以多种形式组建社区足球队、社区足球协会和区域性非职业足球联盟，注重家庭参与，丰富社会足球比赛形式。二是注重区域等级赛事、青少年赛事、校园足球赛事的有机衔接，逐步实现竞赛结构的科学化。三是支持党政机关、企事业单位、人民团体、基层部队开展常态化的内部竞赛活动。四是加强对社会足球的宣传推广。

82. 如何实施社会足球培育行动？

培育社会足球是一项长期任务。在"十三五"时期，主要是搭建框架、培养队伍、丰富活动、营造氛围。

《规划》提出，**一是要在全国基础较好的50个城市，建立分级制度的城市业余足球体系**。也就是说，要在这些城市试点形成具有升降级制度的、多层级的业余足球赛事体系。

二是要在全国100个城市建立草根球队广泛参与的城市业余足球杯赛体系。形成年度城市赛—大区赛—全国总决赛的业余足球竞赛框架，以打造全国性的业余杯赛，提升社会足球的影响力。

三是要积极支持、鼓励行业、企业、人民团体、社区等社会各界举办业余足球活动，并将这些业余比赛与城市足球联赛、杯赛体系相衔接。这样，就能形成社会足球群体活动和业余竞赛的完整框架。此外，还要做好社会足球活动的宣传推广，营造广泛参与的社会氛围。

83. 如何延伸和发展足球产业链？

足球产业具备较长的产业链，产品和业态十分丰富，发展潜力巨大。足球服务业是足球产业链的核心环节，《规划》提出，要大力发展足球服务业。具体举措有四个方面：一是积极发展高水平的足球赛事，推动电视转播、媒体广告、网络服务、大众娱乐等相关产业发展；二是大力开拓足球场馆运营、足球培训、足球中介代理机构等服务市场；三是加快发展足球金融保险服务业；四是积极研究推进发行以中国足球职业联赛为竞猜对象的足球彩票。

足球用品制造业是足球产业链的支撑性环节，《规划》提出，要做大做强足球用品制造业，大力发展足球制品、运动服装、器材设施、纪念品的研发设计、生产制造和销售推广，打造若干龙头企业和国际品牌。

足球产业链的延伸性环节很多，其中的发展重点是核心环节与相关产业的融合。《规划》提出，要促进足球产业与相关产业融合发展，加快足球产业与旅游业、建筑业、文化创意、餐饮酒店、健康养生等行业的互动发展，催生足球运动新业态。

84. 如何培育优秀足球企业？

企业是产业发展的细胞，只有优秀企业不断涌现，产业才有持久的生机与活力。足球先进国家的优秀足球企业，主要有以下几类：一是知名的足球俱乐部，如德甲的拜仁慕尼黑俱乐部、西甲的皇家马德里俱乐部；二是跨国生产和经营的足球制品制造商，如阿迪达斯（ADIDAS）、耐克（NIKE）、世达（STAR）等；三是某一项足球相关专业技术或服务的领军企业，例如制作和安装天然草皮的企业、足球游戏研发设计公司等。

《规划》提出，"十三五"时期，我国也要积极培育优秀的足球企业，重点包括三个方面：一是足球俱乐部，要培养2~3家亚洲一流、世界知名的足球俱乐部，打造中国足球品牌，扩大世界影响力，推动和培育具备条件的足球俱乐部上市。二是足球用品制造企业，要支持企业加大研发设计投入力度，培育形成一批自主创新能力强、产品科技含量高、具备国际知名度的足球用品制造企业。三是足球小微企业，要扶持发展一批成长型足球小微企业，支持其进入各类创业平台和孵化基地，提供足球运营、足球培训、足球网络媒体和社区平台等服务。

为了营造足球企业发展的良好产业生态，《规划》还提出，要鼓励组建由制造企业、服务供应商、职业俱乐部等组成的足球产业联盟。产业联盟的组建是足球产业提升竞争力、实现新跨越的重要手段，有利于在成员企业独立运作的基础上，顺畅沟通市场信息，有效整合要素资源，促进企业合作互补，拓展产业发展空间。

85. 如何推进"足球 + 互联网"创新？

"互联网＋"是把互联网的创新成果与经济社会各领域深度融合，推动技术进步、效率提升和组织变革，提升实体经济创新力和生产力，形成更广泛的以互联网为基础设施和创新要素的经济社会发展新形态。在全球新一轮科技革命和产业变革中，互联网与各领域的融合发展具有广阔前景和无限潜力，已成为不可阻挡的时代潮流，正对各国经济社会发展产生着战略性和全局性的影响。积极发挥我国互联网已经形成的比较优势，把握机遇，增强信心，加快推进"互联网＋"发展，有利于重塑创新体系、激发创新活力、培育新兴业态和创新公共服务模式，对打造大众创业、万众创新和增加公共产品、公共服务"双引擎"，主动适应和引领经济发展新常态，形成经济发展新动能，实现中国经济提质增效升级具有重要意义。

近年来，我国在互联网技术、产业、应用以及跨界融合等方面取得了积极进展，已具备加快推进"互联网＋"发展的坚实基础。足球产业的发展，也应顺应这一潮流，积极提升运用互联网的意识和能力，积极探索新的发展业态，积极推进跨界融合。

鉴于此，《规划》专门部署了"足球+互联网"创新行动，作为"十三五"时期壮大足球产业的一项重点工程。具体包括三个方面：一是推动互联网技术与足球产业深度融合，重点引入移动互联网、电子商务、大数据等新技术和新业态，促进足球产业多点创新；二是积极利用互联网平台，形成多元参与、有效竞争的赛事转播格局，为广大球迷提供丰富的传播形式和多样选择；三是支持开发足球类手机应用程序、互联网和手机足球游戏、足球题材动漫和影视作品。

86. 如何形成多元参与和有效竞争的赛事转播格局？

在相当长的一段时期内，我国足球赛事转播都具有较强的垄断特征。在此条件下，足球俱乐部收入来源中，赛事转播收入仅占很小的一部分。而国际上比较成熟的职业联赛，转播收入通常是俱乐部收入的主要或重要组成部分。垄断性的赛事转播格局，不利于足球俱乐部拓宽收入来源，也不利于增进球迷的选择权，进而不利于足球事业的发展。

因此，形成多元参与、有效竞争的赛事转播格局，首要的就是破除赛事转播市场的垄断。实际上，在《国务院关于加快发展体育产业促进体育消费的若干意见》（国发〔2014〕46号）中，就提出了体育赛事转播权交易流转的方向，即"按市场原则确立体育赛事转播收益分配机制，促进多方参与主体共同发展。放宽赛事转播权限制，除奥运会、亚运会、世界杯足球赛外的其他国内外各类体育赛事，各电视台可直接购买或转让。"《国务院办公厅关于印发中国足球改革发展总体方案的通知》（国办发〔2015〕11号）就建立足球赛事电视转播权市场竞争机制做出了专门部署，要求"创新机制，实现足球赛事电视转播权有序竞争。改革足球赛事转播权收益分配机制，确保赛事主办方和参赛主体成为主要受益者。创新足球赛事转播和推广运营方式，探索传统媒体和新媒体在足球领域融合发展的实现形式，增加新媒体市场收入。"

《规划》进一步提出，积极利用互联网平台，形成多元参与、有效竞争的赛事转播格局，为广大球迷提供丰富的转播形式和多样选择。目前，中超联赛已经启动了赛事转播权的改革。2015年，体奥动力以80亿元获得了中超联赛五年的版权销售权。2016年初，乐视体育和体奥动力又确立了全面战略合作关系，乐视体育以27亿元获得2016和2017两个赛季中超联赛的独家新媒体转播权。可以预见，这将为广大球迷提供更多的选择，也将为职业联赛和俱乐部的发展注入新的活力。

87. 如何培育优秀足球文化？

足球运动的文化内涵非常丰富。首先，足球是传承一个国家、一个民族传统文化的载体。"桑巴足球"承载了巴西人的激情与浪漫，"潘帕斯雄鹰"承载了阿根廷人的自由与洒脱，"日耳曼战车"承载了德国人的坚韧和严谨，"三狮军团"承载了英格兰人保守与变革的平衡。其次，作为一项体育运动，足球也集中体现了体育精神，例如，更快更高更强的奥运精神就在足球运动中展现得淋漓尽致。再次，足球运动尤其是足球比赛所强调的公平公正，与诚信文化有着内在联系。第四，足球是一项集体运动，既需要与团队合作，又需要与对手和观众互动，这就包含了集体主义、爱国主义等文化因素。第五，现代足球是现代文明的产物，与现代社会广

为传播的志愿服务精神、正能量文明导向等，也有着必然的关联。

为了培育具备丰富内涵和积极作用的足球文化，《规划》提出了以下几个方面的任务：一是传承中华民族的传统文化，树立健康、快乐、进取的足球理念，充分发挥足球在强身健体、立德树人方面的积极作用，让参与足球成为健康生活的重要方式；二是大力弘扬拼搏进取、团结协作、快乐分享的体育精神；三是加强诚信体系建设；四是积极倡导尊重规则、尊重对手、尊重观众的行为规范，不断增强足球运动的集体荣誉感和民族自豪感；五是注重发挥新媒体作用和足球志愿者奉献、友爱、互助、进步的精神，努力培育文明参赛、文明观赛的良好氛围，使足球运动成为传播正能量的重要载体。

88. 如何促进足球开放？

对外开放是我国的基本国策。当前，我国正处于构建开放型经济新体制的重要时期，坚持"引进来"和"走出去"相结合，是重要原则之一。按照基本国策的要求，足球的振兴和发展，也离不开对外开放。足球领域的对外开放，也应"进""出"结合。

从"引进来"的角度看，《规划》对引才和引资都提出了要求：一要实施海外人才引进计划，吸引高水平的足球人才来华工作，完善出入境、居留、医疗、子女教育等相关政策；二要积极引入境外资本，优化本土俱乐部等足球企业的股权结构，提高运营管理水平和多元化盈利能力。

从"走出去"的角度看，《规划》从足球活动和足球人才两个方面做出了部署：一方面要拓展足球对外交流渠道，鼓励各类主体举办形式多样的国际足球交流活动；另一方面要鼓励足球各类专业人才赴国外学习、培训，支持更多的优秀专业人才赴国际组织工作。

七、中国足球发展的主要支持政策

89. 公共财政如何保障足球发展？

中国足球的振兴和发展，离不开强有力的资金支持。在目前足球发展水平总体偏低的情况下，客观上需要公共财政发挥适当的作用。财政性资金的本质，是为了解决外部性问题、弥补市场失灵、实现公共利益，由政府实施的资源投入。一般来说，财政性资金主要支持三类情况：一是市场无法提供的基本公共产品和公共服务，例如国防、司法、义务教育、疾病防控等；二是市场能够提供部分投入，需要政府支持或合作提供的事项，例如PPP模式下的交通基础设施、公建民营的养老院等；三是市场发育不完全，需要政府初始投入或引导的项目，例如政府基金支持的战略性新兴产业等。

中国足球的中长期发展，也面临市场失灵的问题，需要公共财政来补位和引导。《规划》安排了三条途径：一是完善公共财政对足球事业发展的投入机制，通过政府购买服务等多种方式加大支持足球运动发展的力度。这一途径实际上是针对上述第二和第三种情况，可以起到激发市场活力、培育市场主体的作用。二是加大投入，安排投资支持基础性、公益性足球场地设施建设。这一途径主要是针对第一种情况，重点是校园足球场地和社会公共足球场的建设。三是采取直接投资、贷款贴息、补贴补助、后期奖励等方式，支持足球事业发展。这一途径涵盖了三种情况，有利于灵活采取适宜的方式，对足球事业的发展给予公共财政的支持。

90. 金融创新如何促进足球发展？

足球发展不仅需要政府投入，更需要市场和社会力量的投入，后者的融资问题需要由金融和金融创新来解决。从目前的金融实践来看，可以划分为直接融资和间接融资两大类。前一类主要是指资本市场，例如在产权市场出让股权、发行股票、债券和其他形式的直接融资工具等，资金供应方与资金需求方直接发生联系。后一类主要通过银行、信托等方式，资金供应方先将资金交由商业银行、小额贷款公司、信托公司等中介机构，再由后者将借贷给资金需求方。

为拓宽直接和间接的融资渠道，为中国足球的发展提供充足的资金支持，《规

划》提出了三个方面的政策：一是鼓励金融机构在风险可控、商业可持续的基础上拓展足球领域金融服务新业务，这是间接融资渠道；二是拓宽足球产业投融资渠道，支持符合条件的足球用品、赛事服务等企业进入资本市场或发行债券，这是直接融资渠道；三是鼓励企业、社会资本单独或合作设立足球发展基金，这样，既可以通过直接融资、也可以通过间接融资来提供资金。

91. 保险产品如何支持足球发展？

足球运动的强度较大，比赛的对抗性很强，难免会发生肌肉或韧带拉伤、铲球和踩踏导致的外伤、碰撞导致的骨折，也有小概率的运动过量而猝死的风险。俱乐部和球员个人会担心受伤影响到比赛，学校和家长会担心学生踢球受伤影响身体和学习。因此，普及足球运动，一方面要科学推进，尽可能保障参与者的安全和健康；另一方面也要通过保险这种分担风险的办法，来免除风险发生前的过度担心，并在事故发生后提供一定的经济补偿。

《规划》在保险政策方面提出了两点安排：一是引导保险公司根据足球运动特点开发职业球员伤残保险、校园足球和社会足球人身意外伤害保险、足球场地设施财产保险等多样化的保险产品；二是鼓励企事业单位、学校、个人购买运动伤害类保险。其中，职业球员伤残保险是职业运动员从事足球运动的保障，人身意外伤害保险和运动伤害类保险是大中小学生、青少年及社会人士参与足球运动的保障，足球场地设施财产保险是对相关产权人的保障，可在一定程度上免除因参与足球运动而发生受伤、致残、财产受损等风险的后顾之忧。

92. 规划和土地政策如何保障足球场地用地？

足球场地建设，离不开规划和土地政策的支持。符合规划建设的场地才有法律依据，才能长期有效地使用。而土地政策的支持，不仅能为足球发展提供必要的空间载体，并且可以在符合条件的情况下，适度降低土地使用的成本，为足球事业发展提供更好的环境。

《规划》从城市和土地规划、居住区配套、闲置地利用、土地协议出让、配建球场供地、土地划拨等六个方面，提出了支持足球发展的具体政策。一是将足球场地设施建设纳入城乡规划、土地利用总体规划和年度用地计划，在配建体育设施中予以保障。二是鼓励新建居住区和社区配套建设足球场地，支持老城区与已建成居住区改造现有设施、增加足球活动空间。三是可利用有条件的公园绿地、城乡空置场所等设置足球场地。四是对单独成宗、依法应当有偿使用的新建足球场地设施项目用地，供地计划公布后只有一个意向用地者的，可采取协议方式供应。五是在其他项目中配套建设足球场地设施的，可将建设要求纳入供地条件。六是利用以划拨方式取得的存量房产和原有土地兴办足球场地设施，土地用途和使用权人可暂不变更，连续运营1年以上、符合《划拨用地目录》的，可以划拨方式办理用地手续；不符合的，可采取协议出让方式办理用地手续。

此外，为了确保土地依法合理用于足球场地设施建设及运营，《规划》还提出，严禁改变足球场地设施用地的土地用途，对于不符合城市规划擅自改变土地用途的，应由政府收回，重新安排使用。

93. 发展足球事业能享受什么税收优惠？

税收政策也是降低足球事业发展成本的重要手段。针对税收领域现行的法律法规，《规划》进行了梳理和提炼，提出了四个方面的优惠政策。

一是足球场馆自用的房产和土地，可按有关规定享受有关房产税和城镇土地使用税优惠。这主要是落实2016年1月1日起执行的《关于体育场馆房产税和城镇土地使用税政策的通知（财税〔2015〕130号）》的有关规定：

——国家机关、军队、人民团体、财政补助事业单位、居民委员会、村民委员会拥有的体育场馆，用于体育活动的房产、土地，免征房产税和城镇土地使用税。

——经费自理事业单位、体育社会团体、体育基金会、体育类民办非企业单位拥有并运营管理的体育场馆，同时符合下列条件的，其用于体育活动的房产、土

地，免征房产税和城镇土地使用税：

（一）向社会开放，用于满足公众体育活动需要；

（二）体育场馆取得的收入主要用于场馆的维护、管理和事业发展；

（三）拥有体育场馆的体育社会团体、体育基金会及体育类民办非企业单位，除当年新设立或登记的以外，前一年度登记管理机关的检查结论为"合格"。

——企业拥有并运营管理的大型体育场馆，其用于体育活动的房产、土地，减半征收房产税和城镇土地使用税。

二是足球领域的社会组织，经认定取得非营利组织企业所得税免税优惠资格的，依法享受相关优惠政策。 2008年1月1日起执行的《财政部 国家税务总局关于非营利组织企业所得税免税收入问题的通知（财税〔2009〕122号）》，根据《中华人民共和国企业所得税法》第二十六条及《中华人民共和国企业所得税法实施条例》（国务院令第512号）第八十五条的规定，明确了符合条件的非营利组织企业所得税免税收入范围，非营利组织的下列收入为免税收入：

——接受其他单位或者个人捐赠的收入；

——除《中华人民共和国企业所得税法》第七条规定的财政拨款以外的其他政府补助收入，但不包括因政府购买服务取得的收入；

——按照省级以上民政、财政部门规定收取的会费；

——不征税收入和免税收入滋生的银行存款利息收入；

——财政部、国家税务总局规定的其他收入。

企业所得税法第二十六条第（四）项规定，符合条件的非营利组织，是指同时符合下列条件的组织：

（一）依法履行非营利组织登记手续；

（二）从事公益性或者非营利性活动；

（三）取得的收入除用于与该组织有关的、合理的支出外，全部用于登记核定或者章程规定的公益性或者非营利性事业；

（四）财产及其孳息不用于分配；

（五）按照登记核定或者章程规定，该组织注销后的剩余财产用于公益性或者非营利性目的，或者由登记管理机关转赠给与该组织性质、宗旨相同的组织，并向社会公告；

（六）投入人对投入该组织的财产不保留或者享有任何财产权利；

（七）工作人员工资福利开支控制在规定的比例内，不变相分配该组织的财产。

三是足球俱乐部及相关企业发生的符合条件的广告费支出，符合税法规定的可在税前扣除。《企业所得税法实施条例》第四十四条规定："企业发生的符合条件的广告费和业务宣传费支出，除国务院财政、税务主管部门另有规定外，不超过当年销售（营业）收入15%的部分，准予扣除；超过部分，准予在以后纳税年度结转扣除。"

四是鼓励企业和社会力量捐赠足球运动服装和器材装备，支持校园足球和社会足球发展，对符合税收法律法规规定条件的捐赠，按照相关规定在计划应纳税所得额时扣除。2008年1月1日起执行的《财政部 国家税务总局 民政部关于公益性捐赠税前扣除有关问题的通知（财税〔2008〕160号）》规定："企业通过公益性社会团体或者县级以上人民政府及其部门，用于公益事业的捐赠支出，在年度利润总额12%以内的部分，准予在计算应纳税所得额时扣除。"为简化工作程序、减轻社会组织负担，2015年末，财政部、国家税务总局、民政部下发了《关于公益性捐赠税前扣除资格确认审批有关调整事项的通知（财税〔2015〕141号）》，对公益性社会团体捐赠税前扣除资格确认程序进行了合理的调整：

——对社会组织报送捐赠税前扣除资格申请报告和相关材料的环节予以取消，即《财政部 国家税务总局 民政部关于公益性捐赠税前扣除有关问题的通知》（财税〔2008〕160号）第六条、第七条停止执行，改由财政、税务、民政等部门结合社会组织登记注册、公益活动情况联合确认公益性捐赠税前扣除资格，并以公告形式发布名单。

——公益性社会团体捐赠税前扣除资格确认程序按以下规定执行：

（一）对在民政部登记设立的社会组织，由民政部在登记注册环节会同财政部、国家税务总局对其公益性进行联合确认，对符合公益性社会团体条件的社会组织，财政部、国家税务总局、民政部联合发布公告，明确其公益性捐赠税前扣除资格。

（二）对在民政部登记注册且已经运行的社会组织，由财政部、国家税务总局和民政部结合社会组织公益活动情况和年度检查、评估等情况，对符合公益性社会团体条件的社会组织联合发布公告，明确其公益性捐赠税前扣除资格。

（三）在省级和省级以下民政部门登记注册的社会组织，由省级相关部门参照本条第一项、第二项执行。

94. 运营足球场地设施能享受什么价格政策？

现行的水价包括居民用水价格，工商业、旅游饭店餐饮业和行政事业等一般非居民用户水价，以及洗车业、洗浴业、纯净水业、高尔夫球场、滑雪场用水户等特殊行业用户水价。其中，居民水价、一般非居民水价、特殊行业水价的水平依次递增。

现行的电价包括居民生活用电电价、工业用电电价、商业用电电价，价格水平一般依次递增。

天然气价格分为居民用气、发电用气、供暖制冷用气、工商业用气等，价格水平依次递增。

供热（供暖）价格包括居民和非居民价格，后者高于前者。

《规划》提出的价格优惠政策包括，足球场地设施的水、电、气、热价格按不高于一般工业标准执行。从水价看，应执行居民用水价格或工商业等非居民用户水价；从电价看，应执行居民生活用电或工业用电电价；从天然气和供热（供暖）价格看，应在现行标准内执行，不得增加额外负担。

95. 培养和发展足球专业人才的主要政策有哪些？

人才是事业发展的第一资源，人才政策是促进足球改革发展的重要支撑。《规划》从注册和流动、技能培训、岗位设置、购买服务、就业创业等五个方面，提出了足球专业人才的发展政策。

一是建立和规范运动员、教练员、裁判员等人才注册制度，理顺球员培养补偿和转会机制，推动与国际通行规则相接轨。这主要是为了促进人才管理的规范化，有效激励对球员的培养并促进合理的流动。

二是加大足球从业人员培训力度，将校园足球教师、社会足球指导员、足球教练员的专业技能培训，按规定纳入教师培训、全民健身、技能人才培养、就业培训等专项范围。这主要是为了加快培养专业人才，提升现有人员的技能水平。

三是鼓励社区、企业等设立相应岗位，吸引退役运动员、教练员从事社会足球

指导工作。 这主要是为了提高城乡基层和企事业单位开展足球运动的专业性，同时也为专业人才从职业足球中退出提供渠道。

四是通过购买服务、特聘教师等方式，聘请退役运动员、教练员参与校园足球发展。 我国《教师法》第十一条规定，取得教师资格应当具备的相应学历是：

（一）取得幼儿园教师资格，应当具备幼儿师范学校毕业及其以上学历；

（二）取得小学教师资格，应当具备中等师范学校毕业及其以上学历；

（三）取得初级中学教师、初级职业学校文化、专业课教师资格，应当具备高等师范专科学校或者其他大学专科毕业及其以上学历；

（四）取得高级中学教师资格和中等专业学校、技工学校、职业高中文化课、专业课教师资格，应当具备高等师范院校本科或者其他大学本科毕业及其以上学历；取得中等专业学校、技工学校和职业高中学生实习指导教师资格应当具备的学历，由国务院教育行政部门规定；

（五）取得高等学校教师资格，应当具备研究生或者大学本科毕业学历；

（六）取得成人教育教师资格，应当按照成人教育的层次、类别，分别具备高等、中等学校毕业及其以上学历。

《教师法》还规定，不具备本法规定的教师资格学历的公民，申请获取教师资格，必须通过国家教师资格考试。

目前，很多职业足球运动员不满足上述学历要求，而且参加教师资格考试的通过率不高，难以通过体育教师的身份投入到校园足球发展中。《规划》提出通过购买服务等方式来聘请退役运动员参与校园足球发展，是在不突破现行法律的情况下，为专业人才的流转提供了更加便捷的渠道。

五是通过再就业培训、创业培训，支持退役运动员从事足球相关产业工作。 这主要是为了促进退役运动员的职业技能转换，使其能够顺利适应新的岗位和工作。

八、中国足球规划的组织实施

96. 如何形成多方参与的足球发展工作机制？

足球发展涉及政府、市场、社会多主体，涉及体育、教育、建设领域。《规划》要求，建立由政府牵头，相关行政部门、足协等社会团体共同参与的足球发展工作机制。

这一工作机制有三层含义：一是政府牵头，要把足球工作摆上经济社会发展重要位置，作为全民健身和教育发展的重要抓手；二是相关行政部门要协同配合，发展改革、体育、财政、国土资源、住房城乡建设、教育、税务等部门切实加强沟通协调，形成政策合力；三是足协等社会团体应积极参与，共同推进足球事业发展和《规划》的实施。

97. 如何加强相关规划与足球中长期规划的衔接？

足球发展涉及面广，要推动《规划》目标任务的贯彻落实，需要特别注重相关规划与足球中长期规划的衔接。

首先，在国民经济和社会发展规划中，可以体现足球发展的相关内容。例如，《中华人民共和国国民经济和社会发展第十三个五年规划纲要》第六十章"推进健康中国建设"第七节"广泛开展全民健身运动"中，就对"实施青少年体育活动促进计划，培育青少年体育爱好和运动技能，推广普及足球、篮球、排球、冰雪等运动"做出了部署。

其次，在城乡建设规划和土地利用总体规划中，应将足球场地设施的建设纳入安排。

再次，在体育、教育、民政等部门的专项规划，以及下一个层级的全民健身、校园足球、社区建设等专门规划中，也可将足球作为重要内容进行安排。

98. 地方应如何做好规划的实施工作？

《规划》要求，各地要积极贯彻落实本规划，建立由政府牵头，相关行政部门、足协等社会团体共同参与的足球发展工作机制，切实加强组织领导和沟通协调；要加快制定本地足球发展规划或实施方案，建立动态跟踪监测和考核评估机制，确保责任落实到位、建设任务顺利推进、规划目标如期实现。

99. 如何做好规划评估？

要做好《规划》评估，一要将其建立在多方参与的足球发展工作机制的基础之上，由规划的监督检查负责部门组织综合评估；二要明确主要任务落实的时间表和路线图，细化规划分阶段实现的重要目标；三要建立科学合理的评估指标体系，配套完善相应的基础统计工作；四要采取自评估和第三方评估相结合的方式，分别形成评估报告，作为综合评估的依据。

100. 如何加强对规划实施的监督检查？

按照《规划》的部署，由国家发展改革委、国务院足球改革发展部际联席会议办公室（中国足球协会）、国家体育总局、教育部等负责规划的部委进行监督检查。一是要做好规划实施情况的监测，各地方各有关部门要定期报告本地区本领域的进展情况，及时发现和解决规划实施中遇到的问题。二是要加强工作绩效考核，《规划》中涉及政府责任的有关内容，要明确责任主体和实施进度要求，确保责任到位、任务落实。三是要开展多种形式的评估，自评估、第三方评估、综合评估相结合。四是要"开门"实施《规划》，对有关情况及时向社会公开，自觉接受社会舆论和群众监督。

附录

附录 1

国务院关于加快发展体育产业促进体育消费的若干意见

（国发［2014］46 号）

各省、自治区、直辖市人民政府，国务院各部委、各直属机构：

发展体育事业和产业是提高中华民族身体素质和健康水平的必然要求，有利于满足人民群众多样化的体育需求、保障和改善民生，有利于扩大内需、增加就业、培育新的经济增长点，有利于弘扬民族精神、增强国家凝聚力和文化竞争力。近年来，我国体育产业快速发展，但总体规模依然不大、活力不强，还存在一些体制机制问题。为进一步加快发展体育产业，促进体育消费，现提出以下意见。

一、总体要求

（一）指导思想

以邓小平理论、"三个代表"重要思想、科学发展观为指导，把增强人民体质、提高健康水平作为根本目标，解放思想、深化改革、开拓创新、激发活力，充分发挥市场在资源配置中的决定性作用和更好发挥政府作用，加快形成有效竞争的市场格局，积极扩大体育产品和服务供给，推动体育产业成为经济转型升级的重要力量，促进群众体育与竞技体育全面发展，加快体育强国建设，不断满足人民群众日益增长的体育需求。

（二）基本原则

坚持改革创新。加快政府职能转变，进一步简政放权，减少微观事务管理。加强规划、政策、标准引导，创新服务方式，强化市场监管，营造竞争有序、平等参与的市场环境。

发挥市场作用。遵循产业发展规律，完善市场机制，积极培育多元市场主体，吸引社会资本参与，充分调动全社会积极性与创造力，提供适应群众需求、丰富多样的产品和服务。

倡导健康生活。树立文明健康生活方式，推进健康关口前移，延长健康寿命，提高生活品质，激发群众参与体育活动热情，推动形成投资健康的消费理念和充满

活力的体育消费市场。

创造发展条件。营造重视体育、支持体育、参与体育的社会氛围，将全民健身上升为国家战略，把体育产业作为绿色产业、朝阳产业培育扶持，破除行业壁垒、扫清政策障碍，形成有利于体育产业快速发展的政策体系。

注重统筹协调。立足全局，统筹兼顾，充分发挥体育产业和体育事业良性互动作用，推进体育产业各门类和业态全面发展，促进体育产业与其他产业相互融合，实现体育产业与经济社会协调发展。

（三）发展目标

到2025年，基本建立布局合理、功能完善、门类齐全的体育产业体系，体育产品和服务更加丰富，市场机制不断完善，消费需求愈加旺盛，对其他产业带动作用明显提升，体育产业总规模超过5万亿元，成为推动经济社会持续发展的重要力量。

——产业体系更加完善。健身休闲、竞赛表演、场馆服务、中介培训、体育用品制造与销售等体育产业各门类协同发展，产业组织形态和集聚模式更加丰富。产业结构更加合理，体育服务业在体育产业中的比重显著提升。体育产品和服务层次更加多样，供给充足。

——产业环境明显优化。体制机制充满活力，政策法规体系更加健全，标准体系科学完善，监管机制规范高效，市场主体诚信自律。

——产业基础更加坚实。人均体育场地面积达到2平方米，群众体育健身和消费意识显著增强，人均体育消费支出明显提高，经常参加体育锻炼的人数达到5亿，体育公共服务基本覆盖全民。

二、主要任务

（一）创新体制机制

进一步转变政府职能。全面清理不利于体育产业发展的有关规定，取消不合理的行政审批事项，凡是法律法规没有明令禁入的领域，都要向社会开放。取消商业性和群众性体育赛事活动审批，加快全国综合性和单项体育赛事管理制度改革，公开赛事举办目录，通过市场机制积极引入社会资本承办赛事。有关政府部门要积极为各类赛事活动举办提供服务。推行政社分开、政企分开、管办分离，加快推进体育行业协会与行政机关脱钩，将适合由体育社会组织提供的公共服务和解决的事项，交由体育社会组织承担。

推进职业体育改革。拓宽职业体育发展渠道，鼓励具备条件的运动项目走职业化道路，支持教练员、运动员职业化发展。完善职业体育的政策制度体系，扩大职业体育社会参与，鼓励发展职业联盟，逐步提高职业体育的成熟度和规范化水平。完善职业体育俱乐部的法人治理结构，加快现代企业制度建设。改进职业联赛决策机制，充分发挥俱乐部的市场主体作用。

创新体育场馆运营机制。积极推进场馆管理体制改革和运营机制创新，引入和运用现代企业制度，激发场馆活力。推行场馆设计、建设、运营管理一体化模式，将赛事功能需要与赛后综合利用有机结合。鼓励场馆运营管理实体通过品牌输出、管理输出、资本输出等形式实现规模化、专业化运营。增强大型体育场馆复合经营能力，拓展服务领域，延伸配套服务，实现最佳运营效益。

（二）培育多元主体

鼓励社会力量参与。进一步优化市场环境，完善政策措施，加快人才、资本等要素流动，优化场馆等资源配置，提升体育产业对社会资本吸引力。培育发展多形式、多层次体育协会和中介组织。加快体育产业行业协会建设，充分发挥行业协会作用，引导体育用品、体育服务、场馆建筑等行业发展。打造体育贸易展示平台，办好体育用品、体育文化、体育旅游等博览会。

引导体育企业做强做精。实施品牌战略，打造一批具有国际竞争力的知名企业和国际影响力的自主品牌，支持优势企业、优势品牌和优势项目"走出去"，提升服务贸易规模和水平。扶持体育培训、策划、咨询、经纪、营销等企业发展。鼓励大型健身俱乐部跨区域连锁经营，鼓励大型体育赛事充分进行市场开发，鼓励大型体育用品制造企业加大研发投入，充分挖掘品牌价值。扶持一批具有市场潜力的中小企业。

（三）改善产业布局和结构

优化产业布局。因地制宜发展体育产业，打造一批符合市场规律、具有市场竞争力的体育产业基地，建立区域间协同发展机制，形成东、中、西部体育产业良性互动发展格局。壮大长三角、珠三角、京津冀及海峡西岸等体育产业集群。支持中西部地区充分利用江河湖海、山地、沙漠、草原、冰雪等独特的自然资源优势，发展区域特色体育产业。扶持少数民族地区发展少数民族特色体育产业。

改善产业结构。进一步优化体育服务业、体育用品业及相关产业结构，着力提

升体育服务业比重。大力培育健身休闲、竞赛表演、场馆服务、中介培训等体育服务业，实施体育服务业精品工程，支持各地打造一大批优秀体育俱乐部、示范场馆和品牌赛事。积极支持体育用品制造业创新发展，采用新工艺、新材料、新技术，提升传统体育用品的质量水平，提高产品科技含量。

抓好潜力产业。以足球、篮球、排球三大球为切入点，加快发展普及性广、关注度高、市场空间大的集体项目，推动产业向纵深发展。对发展相对滞后的足球项目制定中长期发展规划和场地设施建设规划，大力推广校园足球和社会足球。以冰雪运动等特色项目为突破口，促进健身休闲项目的普及和提高。制定冰雪运动规划，引导社会力量积极参与建设一批冰雪运动场地，促进冰雪运动繁荣发展，形成新的体育消费热点。

（四）促进融合发展

积极拓展业态。丰富体育产业内容，推动体育与养老服务、文化创意和设计服务、教育培训等融合，促进体育旅游、体育传媒、体育会展、体育广告、体育影视等相关业态的发展。以体育设施为载体，打造城市体育服务综合体，推动体育与住宅、休闲、商业综合开发。

促进康体结合。加强体育运动指导，推广"运动处方"，发挥体育锻炼在疾病防治以及健康促进等方面的积极作用。大力发展运动医学和康复医学，积极研发运动康复技术，鼓励社会资本开办康体、体质测定和运动康复等各类机构。发挥中医药在运动康复等方面的特色作用，提倡开展健身咨询和调理等服务。

鼓励交互融通。支持金融、地产、建筑、交通、制造、信息、食品药品等企业开发体育领域产品和服务。鼓励可穿戴式运动设备、运动健身指导技术装备、运动功能饮料、营养保健食品药品等研发制造营销。在有条件的地方制定专项规划，引导发展户外营地、徒步骑行服务站、汽车露营营地、航空飞行营地、船艇码头等设施。

（五）丰富市场供给

完善体育设施。各级政府要结合城镇化发展统筹规划体育设施建设，合理布点布局，重点建设一批便民利民的中小型体育场馆、公众健身活动中心、户外多功能球场、健身步道等场地设施。盘活存量资源，改造旧厂房、仓库、老旧商业设施等用于体育健身。鼓励社会力量建设小型化、多样化的活动场馆和健身设施，政府以购买服务等方式予以支持。在城市社区建设15分钟健身圈，新建社区的体育设施覆盖率达到100%。推进实施农民体育健身工程，在乡镇、行政村实现公共体育健身设施100%全覆盖。

发展健身休闲项目。大力支持发展健身跑、健步走、自行车、水上运动、登山攀岩、射击射箭、马术、航空、极限运动等群众喜闻乐见和有发展空间的项目。鼓励地方根据当地自然、人文资源发展特色体育产业，大力推广武术、龙舟、舞龙舞狮等传统体育项目，扶持少数民族传统体育项目发展，鼓励开发适合老年人特点的休闲运动项目。

丰富体育赛事活动。以竞赛表演业为重点，大力发展多层次、多样化的各类体育赛事。推动专业赛事发展，打造一批有吸引力的国际性、区域性品牌赛事。丰富业余体育赛事，在各地区和机关团体、企事业单位、学校等单位广泛举办各类体育比赛，引导支持体育社会组织等社会力量举办群众性体育赛事活动。加强与国际体育组织等专业机构的交流合作，积极引进国际精品赛事。

（六）营造健身氛围

鼓励日常健身活动。政府机关、企事业单位、社会团体、学校等都应实行工间、课间健身制度等，倡导每天健身一小时。鼓励单位为职工健身创造条件。组织实施《国家体育锻炼标准》。完善国民体质监测制度，为群众提供体质测试服务，定期发布国民体质监测报告。切实保障中小学体育课课时，鼓励实施学生课外体育活动计划，促进青少年培育体育爱好，掌握一项以上体育运动技能，确保学生校内每天体育活动时间不少于一小时。

推动场馆设施开放利用。积极推动各级各类公共体育设施免费或低收费开放。加快推进企事业单位等体育设施向社会开放。学校体育场馆课余时间要向学生开放，并采取有力措施加强安全保障，加快推动学校体育场馆向社会开放，将开放情况定期向社会公开。提高农民体育健身工程设施使用率。

加强体育文化宣传。各级各类媒体开辟专题专栏，普及健身知识，宣传健身效果，积极引导广大人民群众培育体育消费观念、养成体育消费习惯。积极支持形式多样的体育题材文艺创作，推广体育文化。弘扬奥林匹克精神和中华体育精神，践行社会主义核心价值观。

三、政策措施

（一）大力吸引社会投资

鼓励社会资本进入体育产业领域，建设体育设施，开发体育产品，提供体育服务。进一步拓宽体育产业投融资渠道，支持符合条件的体育产品、服务等企业上市，支持符合条件的企业发行企业债券、公司债、短期融资券、中期票据、中小企业集合票据和中小企业私募债等非金融企业债务融资工具。鼓励各类金融机构在风险可控、商业可持续的基础上积极开发新产品，开拓新业务，增加适合中小微体育企业的信贷品种。支持扩大对外开放，鼓励境外资本投资体育产业。推广和运用政府和社会资本合作等多种模式，吸引社会资本参与体育产业发展。政府引导，设立由社会资本筹资的体育产业投资基金。有条件的地方可设立体育发展专项资金，对符合条件的企业、社会组织给予项目补助、贷款贴息和奖励。鼓励保险公司围绕健身休闲、竞赛表演、场馆服务、户外运动等需求推出多样化保险产品。

（二）完善健身消费政策

各级政府要将全民健身经费纳入财政预算，并保持与国民经济增长相适应。要加大投入，安排投资支持体育设施建设。要安排一定比例体育彩票公益金等财政资金，通过政府购买服务等多种方式，积极支持群众健身消费，鼓励公共体育设施免费或低收费开放，引导经营主体提供公益性群众体育健身服务。鼓励引导企事业单位、学校、个人购买运动伤害类保险。进一步研究鼓励群众健身消费的优惠政策。

（三）完善税费价格政策

充分考虑体育产业特点，将体育服务、用品制造等内容及其支撑技术纳入国家重点支持的高新技术领域，对经认定为高新技术企业的体育企业，减按15%的税率征收企业所得税。提供体育服务的社会组织，经认定取得非营利组织企业所得税免税优惠资格的，依法享受相关优惠政策。体育企业发生的符合条件的广告费支出，符合税法规定的可在税前扣除。落实符合条件的体育企业创意和设计费用税前加计扣除政策。落实企业从事文化体育业按3%的税率计征营业税。鼓励企业捐赠体育服装、器材装备，支持贫困和农村地区体育事业发展，对符合税收法律法规规定条件向体育事业的捐赠，按照相关规定在计算应纳税所得额时扣除。体育场馆自用的房产和土地，可享受有关房产税和城镇土地使用税优惠。体育场馆等健身场所的水、电、气、热价格按不高于一般工业标准执行。

（四）完善规划布局与土地政策

各地要将体育设施用地纳入城乡规划、土地利用总体规划和年度用地计划，合理安排用地需求。新建居住区和社区要按相关标准规范配套群众健身相关设施，按室内人均建筑面积不低于0.1平方米或室外人均用地不低于0.3平方米执行，并与住宅区主体工程同步设计、同步施工、同步投入使用。凡老城区与已建成居住区无群众健身设施的，或现有设施没有达到规划建设指标要求的，要通过改造等多种方式予以完善。充分利用郊野公园、城市公园、公共绿地及城市空置场所等建设群众体育设施。鼓励基层社区文化体育设施共建共享。在老城区和已建成居住区中支持企业、单位利用原划拨方式取得的存量房产和建设用地兴办体育设施，对符合划拨用地目录的非营利性体育设施项目可继续以划拨方式使用土地；不符合划拨用地目录的经营性体育设施项目，连续经营一年以上的可采取协议出让方式办理用地手续。

（五）完善人才培养和就业政策

鼓励有条件的高等院校设立体育产业专业，重点培养体育经营管理、创意设计、科研、中介等专业人才。鼓励多方投入，开展各类职业教育和培训，加强校企合作，多渠道培养复合型体育产业人才，支持退役运动员接受再就业培训。加强体育产业人才培养的国际交流与合作，加强体育产业理论研究，建立体育产业研究智库。完善政府、用人单位和社会互为补充的多层次人才奖励体系，对创意设计、自主研发、经营管理等人才进行奖励和资助。加强创业孵化，研究对创新创业人才的扶持政策。鼓励退役运动员从事体育产业工作。鼓励街道、社区聘用体育专业人才从事群众健身指导工作。

（六）完善无形资产开发保护和创新驱动政策

通过冠名、合作、赞助、广告、特许经营等形式，加强对体育组织、体育场馆、体育赛事和活动名称、标志等无形资产的开发，提升无形资产创造、运用、保护和管理水平。加强体育品牌建设，推动体育企业实施商标战略，开发科技含量高、拥有自主知识产权的体育产品，提高产品附加值，提升市场竞争力。促进体育衍生品创意和设计开发，推进相关产业发展。充分利用现有科技资源，健全体育产业领域科研平台体系，加强企业研发中心、工程技术研究中心等建设。支持企业联合高等学校、科研机构建立产学研协同创新机制，建设产业技术创新战略联盟。支持符合条件的体育企业牵头承担各类科技计划（专项、基金）等科研项目。完善体育技术成果转化机制，加强知识产权运用和保护，促进科技成果产业化。

（七）优化市场环境

研究建立体育产业资源交易平台，创新市场运行机制，推进赛事举办权、赛事转播权、运动员转会权、无形资产开发等具备交易条件的资源公平、公正、公开流转。按市场原则确立体育赛事转播收益分配机制，促进多方参与主体共同发展。放宽赛事转播权限制，除奥运会、亚运会、世界杯足球赛外的其他国内外各类体育赛事，各电视台可直接购买或转让。加强安保服务管理，完善体育赛事和活动安保服务标准，积极推进安保服务社会化，进一步促进公平竞争，降低赛事和活动成本。

四、组织实施

（一）健全工作机制

各地要将发展体育产业、促进体育消费纳入国民经济和社会发展规划，纳入政府重要议事日程，建立发展改革、体育等多部门合作的体育产业发展工作协调机制。各有关部门要加强沟通协调，密切协作配合，形成工作合力，分析体育产业发展情况和问题，研究推进体育产业发展的各项政策措施，认真落实体育产业发展相关任务要求。选择有特点有代表性的项目和区域，建立联系点机制，跟踪产业发展情况，总结推广成功经验和做法。

（二）加强行业管理

完善体育产业相关法律法规，加快推动修订《中华人民共和国体育法》，清理和废除不符合改革要求的法规和制度。完善体育及相关产业分类标准和统计制度。建立评价与监测机制，发布体育产业研究报告。大力推进体育产业标准化工作，提高我国体育产业标准化水平。加强体育产业国际合作与交流。充实体育产业工作力量。加强体育组织、体育企业、从业人员的诚信建设，加强赛风赛纪建设。

（三）加强督查落实

各地区、各有关部门要根据本意见要求，结合实际情况，抓紧制定具体实施意见和配套文件。发展改革委、体育总局要会同有关部门对落实本意见的情况进行监督检查和跟踪分析，重大事项及时向国务院报告。

国务院

2014年10月2日

附录 2

国务院办公厅关于印发中国足球改革发展总体方案的通知

（国办发［2015］11 号）

各省、自治区、直辖市人民政府，国务院各部委、各直属机构：

《中国足球改革发展总体方案》已经党中央、国务院同意，现印发给你们，请认真贯彻执行。

国务院办公厅

2015年3月8日

中国足球改革发展总体方案

党的十八大以来，以习近平同志为总书记的党中央把振兴足球作为发展体育运动、建设体育强国的重要任务摆上日程。习近平总书记多次指示要下决心把我国足球事业搞上去，李克强总理高度重视足球等体育事业和体育产业工作，国务院多次专题研究部署，我国足球改革发展迎来了前所未有的大好机遇。

足球运动具有广泛的社会影响，深受广大群众喜爱。发展和振兴足球，对提高国民身体素质、丰富文化生活、弘扬爱国主义集体主义精神、培育体育文化、发展体育产业、实现体育强国梦具有重要意义，对经济、社会、文化建设也具有积极促进作用。我国足球曾在亚洲取得良好成绩，从20世纪90年代初期开始探索发展职业足球，改革一度带来活力，但由于对足球的价值和规律认识不足，急功近利的思想行为严重，组织管理体制落后，人才匮乏，监管缺失，导致足球发展的社会基础薄弱，行业风气和竞赛秩序混乱，运动成绩持续下滑。

2009年以来，通过以打击假赌黑为重点的治理整顿、发展校园足球等举措，足球事业趋势向好，迎来一个新的高潮。但相对于迅速发展的世界和亚洲足球，我国足球仍全方位落后。振兴足球是建设体育强国的必然要求，也是人民群众的热切期盼。坚定不移地推进改革、振兴足球，并以此为突破口深化体育管理体制改革，是体育战线贯彻落实党的十八大和十八届二中、三中、四中全会精神，顺应人民群众新期待，提升中国体育大国形象，实现体育强国梦的实际行动。为贯彻落实党中央、国务院决策部署，特制定本方案。

一、总体要求

（一）指导思想

以邓小平理论、"三个代表"重要思想、科学发展观为指导，全面贯彻落实党的十八大和十八届二中、三中、四中全会精神，深入学习贯彻习近平总书记系列重要讲话精神，把足球改革发展作为建设体育强国的重要举措，坚持问题导向，改革创新体制，遵循足球发展规律，弘扬中华体育精神，加强思想作风和队伍建设，努力建立专业高效、系统完备、民主开放、运转灵活、法制健全、保障有力的体制机制，推动我国足球事业不断迈上新台阶。

（二）基本原则

——立足国情与借鉴国际经验相结合。从我国足球实际出发，学习借鉴足球发达国家经验，走出一条中国特色足球改革发展新路，全面实现足球的社会价值和功能。

——着眼长远与夯实基础相结合。加强顶层设计，注重战略实施；夯实足球发展的人口基础、设施基础、管理基础、文化基础，持续用力，久久为功。

——创新重建与问题治理相结合。解放思想，转变观念，优化要素组合，创新发展平台；尊重规律，处理好当前与长远、重点与一般、规模与效益等关系，加强科学治理，破解发展难题。

——举国体制与市场机制相结合。发挥社会主义制度优势，整合资源，形成合力；充分发挥市场机制作用，激发活力，创造公平诚信环境，鼓励保护平等竞争。

——发展足球运动与推动全民健身相结合。实现普及与提高、群众足球与竞技足球互相促进，推动足球运动协调发展、全面进步，推动全民健身，增强人民体质。

（三）主要目标

把发展足球运动纳入经济社会发展规划，实行"三步走"战略。

——近期目标：改善足球发展的环境和氛围，理顺足球管理体制，制定足球中长期发展规划，创新中国特色足球管理模式，形成足球事业与足球产业协调发展的格局。

——中期目标：青少年足球人口大幅增加，职业联赛组织和竞赛水平达到亚洲一流，国家男足跻身亚洲前列，女足重返世界一流强队行列。

——远期目标：中国足球实现全面发展，足球成为群众普遍参与的体育运动，全社会形成健康的足球文化；职业联赛组织和竞赛水平进入世界先进行列；积极申办国际足联男足世界杯；国家男足国际竞争力显著提升，进入世界强队行列。

二、调整改革中国足球协会

（四）明确定位和职能

中国足球协会作为具有公益性和广泛代表性、专业性、权威性的全国足球运动领域的社团法人，是代表我国参加国际足球组织的唯一合法机构，主要负责团结联系全国足球力量，推广足球运动，培养足球人才，制定行业标准，发展完善职业联赛体系，建设管理国家足球队。

（五）调整组建中国足球协会

按照政社分开、权责明确、依法自治的原则调整组建中国足球协会，改变中国足球协会与体育总局足球运动管理中心两块牌子、一套人马的组织构架。中国足球协会与体育总局脱钩，在内部机构设置、工作计划制定、财务和薪酬管理、人事管理、国际专业交流等方面拥有自主权。

（六）优化领导机构

中国足球协会不设行政级别，其领导机构的组成应当体现广泛代表性和专业性，由国务院体育行政部门代表、地方及行业足球协会代表、职业联赛组织代表、知名足球专业人士、社会人士和专家代表等组成。

（七）健全内部管理机制

完善中国足球协会内部治理结构、权力运行程序和工作规则，建立决策权、执行权、监督权既相互制约又相互协调的机制。加强自身建设，广纳贤才，吸收足球、体育管理、经济、法律、国际专业交流等领域优秀人才充实工作队伍，提高人员素质；加强行业自律，着力解决足球领域存在的问题；增强服务意识，克服行政化倾向。中国足球协会按照社团法人机制运行，实行财务公开，接受审计和监督。

（八）健全协会管理体系

中国足球协会会员应当体现地域覆盖性和行业广泛性。地方、行业足球协会参

照中国足球协会管理体制调整组建，按照中国足球协会章程以会员名义加入中国足球协会，接受中国足球协会行业指导和管理。地方、行业足球协会担负本地区、本行业的会员组织建设、竞赛、培训、各类足球活动开展、宣传等职责。经过努力，逐步形成覆盖全国、组织完备、管理高效、协作有力、适应现代足球管理运营需要的协会管理体系。

（九）加强党的领导

健全各级足球协会党的组织机构，按照党管干部原则和人才政策，加强协会思想政治工作和干部日常管理。中国足球协会设立党委，由体育总局党组领导。

三、改革完善职业足球俱乐部建设和运营模式

（十）促进俱乐部健康稳定发展

严格准入，规范管理职业足球俱乐部，充分发挥其在职业联赛中的主体地位和重要作用。俱乐部应当注重自身建设，健全规章制度，加强自律管理，遵守行业规则，积极承担社会责任，接受社会监督。鼓励地方政府创造条件，引导一批优秀俱乐部相对稳定在足球基础好、足球发展代表性和示范性强的城市，避免俱乐部随投资者变更而在城市间频繁迁转、缺乏稳定依托的现象，积极培育稳定的球迷群体和城市足球文化。

（十一）优化俱乐部股权结构

实行政府、企业、个人多元投资，鼓励俱乐部所在地政府以足球场馆等资源投资入股，形成合理的投资来源结构，推动实现俱乐部的地域化，鼓励具备条件的俱乐部逐步实现名称的非企业化。完善俱乐部法人治理结构，加快现代企业制度建设，立足长远，系统规划，努力打造百年俱乐部。

（十二）推动俱乐部形成合理的人才结构

制定俱乐部人才引进和薪酬管理规范，探索实行球队和球员薪金总额管理，有效防止球员身价虚高、无序竞争等问题。研究引进高水平外援名额限制等相关政策及决策机制，处理好外援引进与本土球员培养的关系。加强俱乐部劳动合同管理，严厉查处"阴阳合同"等违法行为，及时纠正欠薪行为。调整俱乐部运动员转会手续费政策，减轻俱乐部负担。

四、改进完善足球竞赛体系和职业联赛体制

（十三）加强竞赛体系设计

完善竞赛结构，扩大竞赛规模，增加竞赛种类，逐步形成赛制稳定、等级分明、衔接有序、遍及城乡的竞赛格局。尤其要注重职业联赛、区域等级赛事、青少年等级赛事、校园足球赛事的有机衔接，实现竞赛结构科学化。逐步建立健全青少年联赛体系。积极倡导和组织行业、社区、企业、部队、中老年、5人制、沙滩足球等赛事。

（十四）调整组建职业联赛理事会

建立具有独立社团法人资格的职业联赛理事会，负责组织和管理职业联赛，合理构建中超、中甲、中乙联赛体系。中国足球协会从基本政策制度、俱乐部准入审查、纪律和仲裁、重大事项决定等方面对理事会进行监管，派代表到理事会任职。理事会派代表到中国足球协会任职，参与有关问题的讨论和决策。

（十五）完善竞赛奖励制度

制定符合足球项目特点、有别于其他体育项目的奖励标准。

（十六）维护竞赛秩序

坚持公平竞赛，树立良好赛风。赛事组织机构和体育行政部门会同公安机关加强管理，各司其职，完善安全保障措施。公安机关负责加强对足球赛事安全秩序的监管，组织开展对比赛现场及周边地区的治安秩序管理维护工作，依法打击违法犯罪活动。引导球迷文明观赛，遵纪守法。

（十七）加强行业管理

完善裁判员公正执法、教练员和运动员遵纪守法的约束机制。严格防范、严厉查处足球行业违规违纪行为，完善纪律处罚、行业救济制度和机制。足球管理部门与公检法等方面加强协作，建立健全违法举报机制和紧密衔接的合作机制，有效防范、及时侦破、坚决打击假赌黑等违法犯罪行为。

（十八）促进国际赛事交流

推动中国足球积极参加国际足球赛事，增进交流，提高水平。研究并推动申办国际足联男足世界杯相关工作。

五、改革推进校园足球发展

（十九）发挥足球育人功能

深化学校体育改革、培养全面发展人才，把校园足球作为扩大足球人口规模、夯实足球人才根基、提高学生综合素质、促进青少年健康成长的基础性工程，增强家长、社会的认同和支持，让更多青少年学生热爱足球、享受足球，使参与足球运动成为体验、适应社会规则和道德规范的有效途径。

（二十）推进校园足球普及

各地中小学把足球列入体育课教学内容，加大学时比重。以扶持特色带动普及，对基础较好、积极性较高的中小学重点扶持，全国中小学校园足球特色学校在现有5000多所基础上，2020年达到2万所，2025年达到5万所，其中开展女子足球的学校占一定比例。完善保险机制，推进政府购买服务，提升校园足球安全保障水平，解除学生、家长和学校的后顾之忧。

（二十一）促进文化学习与足球技能共同发展

加强足球特长生文化课教学管理，完善考试招生政策，激励学生长期积极参加足球学习和训练。允许足球特长生在升学录取时在一定范围内合理流动，获得良好的特长发展环境。

（二十二）促进青少年足球人才规模化成长

推动成立大中小学校园足球队，抓紧完善常态化、纵横贯通的大学、高中、初中、小学四级足球竞赛体系，探索将高校足球竞赛成绩纳入高校体育工作考核评价体系。

（二十三）扩充师资队伍

通过培训现有专、兼职足球教师和招录等多种方式，提高教学教练水平，鼓励引进海外高水平足球教练。到2020年，完成对5万名校园足球专、兼职足球教师的一轮培训。完善政策措施，加强专业教育，为退役运动员转岗为体育教师创造条件。

六、普及发展社会足球

（二十四）推动足球运动普及

坚持以人为本，推动社会足球加快发展，不断扩大足球人口规模。鼓励机关、事业单位、人民团体、部队和企业组建或联合组建足球队，开展丰富多彩的社会足球活动。注重从经费、场地、时间、竞赛、教练指导等方面支持社会足球发展。工会、共青团、妇联等人民团体发挥各自优势，推进社会足球发展。

（二十五）推动社会足球与职业足球互促共进

通过社会足球人口不断增加、水平不断提高，为职业足球发展奠定扎实的群众基础和人才基础。通过加快发展职业足球，促进社会足球的普及和提高。

七、改进足球专业人才培养发展方式

（二十六）拓展足球运动员成长渠道和空间

加大培养力度，完善选用机制，多渠道造就优秀足球运动员。增强校园足球、社会足球的人才培养意识，拓宽职业足球选人视野，畅通优秀苗子从校园足球、社会足球到职业足球的成长通道。搞好体教结合，加强文化教育、意志锤炼和人格熏陶，促进足球运动员全面发展。鼓励足球俱乐部、企业和其他社会力量选派职业球员、青少年球员到足球发达国家接受培训，并力争跻身国外高水平职业联赛。

（二十七）加强足球专业人才培训

按照分级、分类管理的原则，构建国家、区域、行业、专业机构、社会力量等多级、多元的培训组织结构，加强对足球教练员、裁判员、讲师等专业人才的培训。充分发挥体育院校、体育科研院所在足球理论研究和足球专业人才培训中的作用。加强国际交流，引入一批高水平外籍讲师对我国教练员、裁判员、讲师实施规模化培训。

（二十八）加强足球管理人才培训

壮大各级足球协会、俱乐部等组织的专业力量，提升人员素质和工作水平。造就一支适应现代足球管理需要的专业化、国际化的管理队伍。

（二十九）设立足球专业学院和学校

适应足球人才培养需要，依托具备条件的本科院校设立足球学院，积极探索建立文化教育与足球运动紧密融合的新型足球学校。

（三十）做好足球运动员转岗就业工作

统筹市场机制和政策引导，为足球运动员再就业再发展搭建平台，支持其经过必要培训和考核，担任足球教练员、裁判员、讲师，或到企事业单位和部队成为群众足球活动的骨干，或进入足球协会、足球俱乐部从事足球管理和服务工作。

八、推进国家足球队改革发展

（三十一）精心打造国家队

发挥制度优势，强化组织领导，增强国家荣誉感和社会责任感，弘扬中华体育

精神，打造技艺精湛、作风顽强、能打硬仗、为国争光的国家足球队，以优异表现振奋人民群众信心、激发青少年热情、促进全国足球发展。加大改革力度，形成符合球员身心特征和当代足球发展趋势的技术路线，稳步提升国家队水平。

（三十二）完善队员选拔机制

坚持立足当前、着眼接续，坚持技术和作风并重，坚持公开、平等、竞争，优先选拔为国效力愿望强烈、意志品质一流的优秀球员进入国家队。国家队球员从各职业俱乐部征调，通过动态选拔机制，使任何时候组建的国家队都能成为当时参赛状态、技战术能力、协作配合最好的团队。加强国家队后备人才储备，完善青少年足球人才发现与选拔机制，对拔尖青少年球员建立数据库并长期跟踪，动态调整备选队员名单。

（三十三）提高服务保障能力

加强对国家队经费投入、奖励政策、基地建设、后勤服务、情报信息等方面的保障，提高服务水平。新建2个国家足球训练基地，满足国家队不同季节的比赛和训练需要。聘请境内外高水平专业人才，深入开展足球理论、技战术、医疗康复、团队管理等研究，发挥科研对国家队的指导支撑作用。

（三十四）加强教练团队建设

建立严格规范的国家队教练及管理团队遴选、考核评价机制，加强合同管理。实行主教练负责制，对教练员团队和管理服务团队实行任期目标考核，做到责任与权益明确、激励与约束到位。

（三十五）统筹国家队与俱乐部需求

科学制定符合我国国情和职业足球规律的国家队工作规划及管理体系。完善国家队同职业联赛及其他各层级联赛协调制度，综合把握国家队赛事周期和国内赛事安排。俱乐部应当以大局为重，全力支持配合国家队建设。

九、加强足球场地建设管理

（三十六）扩大足球场地数量

研究制定全国足球场地建设规划。把兴建足球场纳入城镇化和新农村建设总体规划，明确刚性要求，由各级政府组织实施。因地制宜建设足球场，充分利用城市和乡村的荒地、闲置地、公园、林带、屋顶、人防工程等，建设一大批简易实用的非标准足球场。创造条件满足校园足球活动的场地要求。

（三十七）对足球场地建设予以政策扶持

对社会资本投入足球场地建设，应当落实土地、税收、金融等方面的优惠政策。

（三十八）提高场地设施运营能力和综合效益

按照管办分离和非营利性原则，通过委托授权、购买服务等方式，招标选择专业的社会组织或企业负责管理运营公共足球场，促进公共足球场低价或免费向社会开放。推动学校足球场在课外时间低价或免费向社会开放，建立学校和社会对场地的共享机制。

十、完善投入机制

（三十九）加大财政投入

各级政府应当加大对足球的投入，根据事权划分主要用于场地建设、校园足球、青少年足球、女子足球、国家队建设、教学科研等方面。体育、教育等部门在安排相关经费时，应当对足球改革发展给予倾斜。

（四十）成立中国足球发展基金会

基金会作为非营利性法人，依法开展募捐、接受捐赠并资助足球公益活动。鼓励各类企事业单位、社会力量和个人捐赠，捐赠资金可依法在计算企业所得税、个人所得税应纳税所得额时扣除。基金会按章程管理运行，依照有关法规加强信息公开，接受社会监督。

（四十一）加大彩票公益金支持足球发展的力度

每年从中央集中彩票公益金中安排一定资金，资助中国足球发展基金会，专项用于支持青少年足球人才培养和足球公益活动。积极研究推进发行以中国足球职业联赛为竞猜对象的足球彩票。

（四十二）加强足球产业开发

加大足球无形资产开发和保护力度，通过打造赛事品牌、开发足球附属产品、培育足球服务市场、探索足球产业与相关产业的融合发展，构建全方位、全过程足球产业链，不断增加足球产业收益，形成多种经济成分共同兴办足球产业的格局。

（四十三）加大中国足球协会市场开发力度

不断增加联赛、杯赛、国家队等的市场开发收益。加快理顺与下属商务公司的关系，按照现代企业制度改造下属公司，使其逐步成为真正的市场主体，同时引入新的竞争主体，建立面向市场、平等竞争的格局。

（四十四）建立足球赛事电视转播权市场竞争机制

创新机制，实现足球赛事电视转播权有序竞争。改革足球赛事转播权收益分配机制，确保赛事主办方和参赛主体成为主要受益者。创新足球赛事转播和推广运营方式，探索传统媒体和新媒体在足球领域融合发展的实现形式，增加新媒体市场收入。

（四十五）鼓励社会力量发展足球

引导有实力的知名企业和个人投资职业足球俱乐部、赞助足球赛事和公益项目，发挥支持足球事业的示范和带动作用，拓宽俱乐部和足球发展资金来源渠道。

十一、加强对足球工作的领导

（四十六）建立足球改革发展部际联席会议制度

为持续推动足球改革发展，确保本方案落实，建立足球改革发展部际联席会议制度。体育总局应当加强对足球改革发展的政策研究和宏观指导。教育部应当履行好校园足球主管责任。各方面应当各司其职、各负其责、各尽其力、协同配合，共同推动足球改革发展。

（四十七）把足球工作纳入重要工作日程

各地把足球改革发展纳入重要议事日程，解放思想，明确目标，狠抓落实，整合资源，统筹力量，大胆探索，形成特色。地方各级体育行政部门负责支持当地足球协会工作，推动本地区足球发展。

（四十八）加强足球行业作风和法治建设

加强足球领域的思想品德教育和职业道德教育，强化运动队伍精神作风和意志品质的锤炼，培养爱国奉献、坚忍不拔、团结拼搏的作风，努力形成激励中国足球发展振兴、有益于社会和谐进步的精神力量。适应足球发展需要和行业特点，完善国家相关法律法规和足球行业规范规则，打牢足球治理的制度基础。形成预防与惩处并重的足球法治教育体系、执法和监督体系，建立公正透明的法治环境。

（四十九）营造良好舆论环境

宣传引导群众客观认识足球现状，建立合理预期，理性看待输赢。创新足球宣传方式，强化涉足球新闻管理和舆论引导工作，最大限度凝聚足球改革发展共识。

（五十）发挥典型带动作用

选择一批足球基础好、发展足球条件好、工作积极性高的地方和城市，加强扶持和指导，总结推广足球改革发展的典型经验，以点带面，推动提高。

附录 3

关于印发中国足球中长期发展规划 （2016—2050 年）的通知

（发改社会〔2016〕780号）

各省、自治区、直辖市人民政府：

为贯彻落实《国务院关于加快发展体育产业促进体育消费的若干意见》和《中国足球改革发展总体方案》，促进中国足球持续健康发展，国家发展改革委、国务院足球改革发展部际联席会议办公室（中国足球协会）、体育总局、教育部共同编制了《中国足球中长期发展规划（2016—2050年）》。经国务院同意，现印发你们，请抓紧组织实施。

国家发展改革委

国务院足球改革发展部际联席会议办公室（中国足球协会）

体育总局

教育部

2016年4月6日

中国足球中长期发展规划（2016—2050 年）

改革开放以来，我国经济社会快速发展，人民生活水平显著提高，群众对体育健身需求日益增长。当前，我国正处于全面建成小康社会的关键时期，振兴和发展足球是全国人民的热切期盼，关系到群众身心健康和优秀文化培育，对于建设体育强国、促进经济社会发展、实现中华民族伟大复兴的中国梦具有重要意义。为贯彻落实《国务院关于加快发展体育产业促进体育消费的若干意见》和《中国足球改革

发展总体方案》等文件精神，促进中国足球持续健康发展，经国务院同意，制定本规划。规划近期至 2020年，中期至2030年，远期展望至2050年。

一、发展基础

——足球运动逐步发展。目前，我国经常参加足球运动的人数达到一定规模，球迷人数过亿。校园足球初步普及，联赛体系逐渐形成，每年比赛超过10万场。社会足球初具氛围，各级足协、企事业单位和社会各界积极开展足球活动，每年举办2万余场业余足球比赛。职业足球稳步发展，职业俱乐部达到52个，已初步建立起中超、中甲、中乙为主体的职业联赛框架。

——足球产业初具规模。经过多年发展，我国足球产业规模逐步扩大，产业链不断拓展，带动作用日趋增强。足球运动的群众关注度不断提高。近十年，中超足球联赛场均观赛规模达到1.5万人次。

——国际交流日益增强。足球国际活动明显增加，成为体育外交的重要组成部分，国际化程度日益提高。国内运动员、教练员和裁判员赴外学习、训练、参赛明显增多，引进外籍教练员和运动员的水平明显提升。国内俱乐部与国际高水平俱乐部形成合作机制。

尽管我国足球发展取得了一些进展，具备了一定的基础，但总体看仍然存在许多问题：发展理念滞后，对足球价值和发展规律认识不足，急功近利的思想较为严重；体制机制落后，政社不分、管办不分、事企不分的问题依然存在；法治水平偏低，行风不正、竞赛秩序较乱，缺乏有效监管；足球基础薄弱，人才短缺、设施不足，难以满足社会日益增长的足球运动需求。

二、总体思路

（一）指导思想

全面贯彻党的十八大和十八届三中、四中、五中全会精神，深入学习贯彻习近平总书记系列重要讲话精神，推动落实"四个全面"战略布局，树立现代足球运动理念，遵循足球运动发展规律，以服务于人的全面发展为宗旨，以改革创新为动力，以足球普及为导向，持续用力，久久为功，扎扎实实筑牢足球发展的制度基础、人才基础、设施基础、社会基础，不断提升足球运动的规模和质量，不断增强全民族的身体素质和健康水平，走出一条适合中国实际的足球发展路子，努力实现"足球崛起梦、体育强国梦、民族复兴梦"。

（二）战略定位

——全民健身的重要事业。足球是一项深受广大人民群众喜爱的体育运动。振兴和发展足球，可以提高全民健身参与程度，增强群众身体素质，是提高全民族身心健康水平的重要支撑。

——国民经济的重要产业。足球产业是朝阳产业、绿色产业，在转方式、调结构、促发展中扮演着重要角色。振兴和发展足球，可以扩大消费，拉动体育产业及相关产业发展，形成新的经济增长点。

——体育强国的重要基石。足球是具有广泛影响力的世界性运动。振兴和发展足球，可以促进体育运动全面发展，托起中国体育强国梦，绘就民族伟大复兴的蓝图。

——民族精神的重要载体。足球运动具有重要的育人功能，有利于弘扬社会主义核心价值观。振兴和发展足球，可以构建有中国特色的足球文化，激励人们顽强奋斗精神，促进人的全面发展，提升中华民族的凝聚力和自豪感。

（三）发展原则

——坚持遵循规律，持续发展。遵循足球发展规律，科学谋划，以人为本，从娃娃抓起，从基层抓起，从基础抓起，有序推进，持之以恒。

——坚持改革引领，创新发展。充分发挥足球对我国体育发展和改革的引领作用，以改革体制机制为突破口，转变足球发展方式，积极探索足球发展的新路径，提升足球运动的活力和水平。

——坚持依法治理，规范发展。把足球发展纳入法治化轨道，全面提升法治观念和法治水平，创造平等参与、公平竞争的发展环境，构建依法、依规、依章的治理体系。

——坚持包容共享，开放发展。充分调动全社会的积极性和创造力，营造重视足球、支持足球、参与足球的良好氛围。提高对内对外开放水平，在合作共赢中谋发展。

三、发展目标

（一）近期目标（2016—2020 年）

努力实现中国足球保基本、强基层、打基础的发展目标。

保基本：人民群众对足球运动的需求得到基本满足，开展足球活动的场地、时间、经费得到基本保障，全社会关心和支持足球发展的良好氛围基本形成。

强基层：校园足球加快发展，全国特色足球学校达到2万所，中小学生经常参加足球运动人数超过3 000万人。社会足球发展基础不断夯实，基层足球组织蓬勃发展，基层足球活动广泛开展。全社会经常参加足球运动的人数超过5 000万人。

打基础：中国特色的足球管理体制机制初步建立，政策法规初具框架，行业标准和规范趋于完善，竞赛和培训体系科学合理，足球事业和产业协调发展的格局基本形成。全国足球场地数量超过7万块，使每万人拥有0.5~0.7块足球场地。

（二）中期目标（2021—2030年）

奋力实现中国足球动力更足、活力更强、影响力更大，跻身世界强队的发展目标。

动力更足：管理体制科学顺畅，法律法规完善健全，多元投入持续稳定，足球人口基础坚实。每万人拥有1块足球场地。

活力更强：校园足球、社会足球、职业足球体系有效运行，各类市场主体踊跃参与，足球产业规模有较大提高，成为体育产业的重要引擎。

影响力更大：职业联赛组织和竞赛水平达到亚洲一流，国家男足跻身亚洲前列，女足重返世界一流强队行列，体育大国形象得到进一步提升。

（三）远期目标（2031—2050年）

全力实现足球一流强国的目标，中国足球实现全面发展，共圆中华儿女的足球梦想，为世界足球运动作出应有贡献。

四、主要任务

（一）构建制度体系

科学构建中国特色足球管理体制。搭建政府统筹推进、部门分工负责、社会广泛参与的管理框架。政府的主要职责是提供公共服务，营造市场环境，加强监督管理。体育行政部门加强对足球改革发展的政策研究和宏观指导，促进各职能部门协同配合。教育行政部门履行好校园足球主管责任，积极推动校园足球发展。中国足球协会主要负责统一组织、管理和指导全国足球运动发展，推动足球运动普及和提高。

健全完善足球可持续发展机制。激发市场活力，充分调动社会力量参与足球发展的积极性，实现足球运动经济效益和社会效益良性循环。打破利益藩篱，创造公平竞争环境，促进资源优化配置。

专栏 1 "十三五"足球体制改革攻坚工程

　　深化足球协会管理体制改革，调整改革中国足球协会，完善中国足球协会内部管理机制，健全协会管理体系，逐步建立体制完善、结构合理、职责明确、规章健全、监管完善的协会管理体制，形成协会依法自主管理、科学民主决策的新机制。地方、行业足球协会参照中国足球协会调整组建。建立具有独立社团法人资格的职业联赛管理机构，负责组织和管理职业联赛。完善俱乐部法人治理结构，加快现代企业制度建设，推动俱乐部的地域化和名称的非企业化。

　　建立规范有效的足球法治体系。完善国家相关法律法规和足球行业规范规则。推进标准化和规范化建设。健全监督、执法和仲裁机制，加强足球组织、俱乐部、从业人员诚信守则自律，严肃赛风赛纪，依法严厉查处打击足球领域的违法犯罪行为。完善足球赛事和活动安保服务标准，积极推进安保服务规范化、社会化。

（二）培养人才队伍

　　大幅增加青少年足球参与规模。加强校园足球建设，把足球列入体育课教学内容，发展足球社团，培养足球兴趣，开展足球竞赛活动，不断培育足球爱好者和足球人才。增强学生、家长对足球的认同感，支持学生课余、校外参加足球活动。以市场化、社会化为导向，构建多渠道、多形式人才发现和培养机制，不断增加足球人才后备力量。

专栏 2 "十三五"校园足球普及行动

　　深化足球教学改革，形成内容丰富、形式多样、因材施教的青少年校园足球教学体系。制定校园足球教学训练指南，开发校园足球网络课程并免费开放。将校园足球骨干教师纳入中小学幼儿园教师国家级培训计划等培训项目，对5万名专兼职足球师资进行培训。建立健全校园足球竞赛体系，实施全国校园足球四级联赛制度。完善考试招生政策，激励学生长期积极参加足球学习和训练。支持建设一批校园足球特色学校和试点县。

显著扩大教练员、裁判员队伍。提高体育教师的足球教学水平，发展足球专业教师队伍，培养学校足球教练员、裁判员。加强职业教练员、裁判员队伍建设，不断完善教练员、裁判员培训体系。构建社区足球指导服务体系，提高社会体育指导员的技能水平，有条件的地区探索设立社区足球指导员专门岗位，鼓励专业教练员、裁判员服务城乡社区和校园。

建立职业运动员良性发展机制。逐步增加注册球员，优化发现和选拔机制，让技术过硬、素养较高的优秀足球运动员脱颖而出。坚持运动技能和文化教育相结合，加大多技能培养培训力度，拓宽退役运动员发展空间，打通向教练员、裁判员、社会体育指导员、企事业单位和足球协会管理人员的转岗就业渠道。

培养复合型产业人才。面向市场需求，通过高等院校、科研院所、中职教育、职业培训和继续教育等多种形式，培养足球行业人才。重点发展经营管理、资本运作、营销推广、研发设计、中介服务、文化创意等专业人才队伍。加强足球产业人才的国际合作与交流。

专栏3 "十三五"专业化人才培养计划

提高高等院校体育类专业招收足球专项学生的比重，鼓励吸引其他专业学生选修足球方向，依托具备条件的本科院校设立足球学院，积极在中等职业学校开设足球专业。鼓励社会力量举办足球培训机构。加快培养足球职业教练员和社区足球指导员，轮训人数逐年增加，2020年达到1万人次。健全足球裁判员培养体系，注册裁判员总量在现有基础上翻一番。

（三）建设场地设施

科学规划足球场地设施发展。扩大足球场地供给，优化类型结构，提高设施质量，不断满足全社会足球运动发展需求。根据人口规模、自然条件、经济发展水平，逐步配置完善足球场地设施。制定各类足球场地建设指南。创新足球场地设施管理方式，促进场地设施集约高效利用。

加大校园足球运动场地建设力度。每个中小学足球特色学校均建有1块以上足球场地，有条件的高等院校均建有1块以上标准足球场地，其他学校创造条件建设适宜的足球场地。提高学校足球场地利用率，加快形成校园场地与社会场地开放共享机制。

推进社区配建足球运动场地。在城市建设和新农村建设规划中统筹考虑社区足球场地建设。鼓励建设小型化、多样化的足球场地，方便城乡居民就近参与足球运动。

专栏4 "十三五"足球场地设施重点建设工程

全国修缮、改造和新建6万块足球场地，使每万人拥有0.5~0.7块足球场地，其中校园足球场地4万块，社会足球场地2万块。除少数山区外，每个县级行政区域至少建有2个社会标准足球场地，有条件的城市新建居住区应建有1块5人制以上的足球场地，老旧居住区也要创造条件改造建设小型多样的场地设施。

（四）丰富赛事活动

广泛开展校园足球活动。开展以强身健体和快乐参与为导向的校园足球比赛。以增强学生体质和意志品质、普及足球知识和技能、培养足球兴趣爱好为目的，举办多种形式的校园足球活动。逐步健全高校、高中、初中、小学校园足球四级赛事，科学、合理、适度组织竞赛活动。

优化职业联赛结构。改进职业联赛框架布局，形成中超、中甲、中乙参赛球队数量递增的联赛结构，稳定扩大中甲、中乙联赛队伍规模，提升职业联赛竞赛质量。推进职业联赛管理现代化，不断提升联赛运行管理水平，推动职业俱乐部建立现代治理结构。

支持社会足球赛事活动。鼓励因地制宜、多种形式组建社区足球队、社区足球协会和区域性非职业足球联盟，注重家庭参与，丰富社会足球比赛形式。注重区域等级赛事、青少年赛事、校园足球赛事的有机衔接，逐步实现竞赛结构的科学化。支持党政机关、企事业单位、人民团体、基层部队开展常态化的内部竞赛活动。加强对社会足球的宣传推广。

专栏 5 "十三五"职业联赛提升计划

　　基本建立体系完整、布局合理的职业足球联赛架构，科学设定参赛队伍数量，形成中超、中甲、中乙联赛合理的规模结构。严格准入、规范管理职业足球俱乐部，加强行业自律。加强职业俱乐部梯队建设，扩大职业联赛影响力。提升中超联赛品牌价值，使场均观赛人次达到世界前列。

专栏 6 "十三五"社会足球培育行动

　　在全国基础较好的50个城市，建立分级制度的城市业余足球体系。在全国100个城市建立草根球队广泛参与的城市业余足球杯赛体系，并形成年度城市赛—大区赛—全国总决赛的业余足球竞赛框架。积极支持、鼓励行业、企业、人民团体、社区等社会各界举办业余足球活动，并将他们的比赛与城市足球联赛、杯赛体系相衔接。逐步构建社会足球发展体系，做好社会足球活动的宣传推广，营造广泛参与的社会氛围。

（五）壮大足球产业

　　大力发展足球服务业。积极发展高水平的足球赛事，推动电视转播、媒体广告、网络服务、大众娱乐等相关产业发展。大力开拓足球场馆运营、足球培训、足球中介代理机构等服务市场。加快发展足球金融保险服务业。积极研究推进发行以中国足球职业联赛为竞猜对象的足球彩票。

　　做大做强足球用品制造业。大力发展足球制品、运动服装、器材设施、纪念品的研发设计、生产制造和销售推广，打造若干龙头企业和国际品牌。

专栏 7 "十三五"优秀足球企业培育行动

　　培养2~3家亚洲一流、世界知名的足球俱乐部，打造中国足球品牌，扩大世界影响力，推动和培育具备条件的足球俱乐部上市。支持企业加大研发设计投入力度，培育形成一批自主创新能力强、产品科技含量高、具备国际知名度的足球用品制造企业。扶持发展一批成长型足球小微企业，支持其进入各类创业平台和孵化基地，提供足球运营、足球培训、足球网络媒体和社区平台等服务。鼓励组建由制造企业、服务供应商、职业俱乐部等组成的足球产业联盟。

促进足球产业与相关产业融合发展。加快足球产业与旅游业、建筑业、文化创意、餐饮酒店、健康养生等行业的互动发展，催生足球运动新业态。

专栏8 "十三五" "足球＋互联网" 创新行动

推动互联网技术与足球产业深度融合，重点引入移动互联网、电子商务、大数据等新技术和新业态，促进足球产业多点创新。积极利用互联网平台，形成多元参与、有效竞争的赛事转播格局（奥运会、亚运会、世界杯足球赛除外），为广大球迷提供丰富的转播形式和多样选择。支持开发足球类手机应用程序、互联网和手机足球游戏、足球题材动漫和影视作品。

（六）培育足球文化

传承中华民族的传统文化，树立健康、快乐、进取的足球理念，充分发挥足球在强身健体、立德树人方面的积极作用，让参与足球成为健康生活的重要方式。大力弘扬拼搏进取、团结协作、快乐分享的体育精神。加强诚信体系建设。积极倡导尊重规则、尊重对手、尊重观众的行为规范，不断增强足球运动的集体荣誉感和民族自豪感。注重发挥新媒体作用和足球志愿者奉献、友爱、互助、进步的精神，努力培育文明参赛、文明观赛的良好氛围，使足球运动成为传播正能量的重要载体。

（七）促进足球开放。

实施海外人才引进计划，吸引高水平的足球人才来华工作，完善出入境、居留、医疗、子女教育等相关政策。积极引入境外资本，优化本土俱乐部等足球企业

的股权结构，提高运营管理水平和多元化盈利能力。拓展足球对外交流渠道，鼓励各类主体举办形式多样的国际足球交流活动。鼓励足球各类专业人才赴国外学习、培训，支持更多的优秀专业人才赴国际组织工作。

五、配套政策和保障措施

（一）财政和金融政策

完善公共财政对足球事业发展的投入机制，通过政府购买服务等多种方式加大支持足球运动发展的力度。要加大投入，安排投资支持基础性、公益性足球场地设施建设。鼓励金融机构在风险可控、商业可持续的基础上拓展足球领域金融服务新业务。拓宽足球产业投融资渠道，支持符合条件的足球用品、赛事服务等企业进入资本市场或发行债券。鼓励企业、社会资本单独或合作设立足球发展基金。采取直接投资、贷款贴息、补贴补助、后期奖励等方式，支持足球事业发展。引导保险公司根据足球运动特点开发职业球员伤残保险、校园足球和社会足球人身意外伤害保险、足球场地设施财产保险等多样化的保险产品，鼓励企事业单位、学校、个人购买运动伤害类保险。

（二）规划和土地政策

将足球场地设施建设纳入城乡规划、土地利用总体规划和年度用地计划，在配建体育设施中予以保障。鼓励新建居住区和社区配套建设足球场地，支持老城区与已建成居住区改造现有设施、增加足球活动空间。可利用有条件的公园绿地、城乡空置场所等设置足球场地。对单独成宗、依法应当有偿使用的新建足球场地设施项目用地，供地计划公布后只有一个意向用地者的，可采取协议方式供应。在其他项目中配套建设足球场地设施的，可将建设要求纳入供地条件。利用以划拨方式取得的存量房产和原有土地兴办足球场地设施，土地用途和使用权人可暂不变更，连续运营1年以上、符合《划拨用地目录》的，可以划拨方式办理用地手续；不符合的，可采取协议出让方式办理用地手续。严禁改变足球场地设施用地的土地用途，对于不符合城市规划擅自改变土地用途的，应由政府收回，重新安排使用。

（三）税费和价格政策

足球场馆自用的房产和土地，可按有关规定享受有关房产税和城镇土地使用税优惠。足球领域的社会组织，经认定取得非营利组织企业所得税免税优惠资格的，依法享受相关优惠政策。足球俱乐部及相关企业发生的符合条件的广告费支出，符合税法规定的可在税前扣除。鼓励企业和社会力量捐赠足球运动服装和器材装备，支持校园足球和社会足球发展，对符合税收法律法规规定条件的捐赠，按照相关规定在计算应纳税所得额时扣除。足球场地设施的水、电、气、热价格按不高于一般工业标准执行。

（四）人才和就业政策

建立和规范运动员、教练员、裁判员等人才注册制度，理顺球员培养补偿和转会机制，推动与国际通行规则相接轨。加大足球从业人员培训力度，将校园足球教师、社会足球指导员、足球教练员的专业技能培训，按规定纳入教师培训、全民健身、技能人才培养、就业培训等专项范围。鼓励社区、企业等设立相应岗位，吸引退役运动员、教练员从事社会足球指导工作。通过购买服务、特聘教师等方式，聘请退役运动员、教练员参与校园足球发展。通过职业培训和创业培训，支持退役运动员从事足球相关产业工作。

（五）组织实施和监测评估

各地要积极贯彻落实本规划，建立由政府牵头，相关行政部门、足协等社会团体共同参与的足球发展工作机制，切实加强组织领导和沟通协调。要加快制定本地足球发展规划或实施方案，建立动态跟踪监测和考核评估机制，确保责任落实到位、建设任务顺利推进、规划目标如期实现。发展改革委、国务院足球改革发展部际联席会议办公室（中国足球协会）、体育总局、教育部等负责本规划的监督检查。

附录 4

关于印发全国足球场地设施建设规划
（2016—2020 年）的通知

发改社会〔2016〕987 号

各省、自治区、直辖市发展改革委、教育厅（教委）、体育局，中国足球协会会员协会：

为贯彻落实《国务院关于加快发展体育产业促进体育消费的若干意见》《中国足球改革发展总体方案》和《中国足球中长期发展规划（2016—2050年）》，夯实足球运动发展基础，普及推广足球运动，提高足球运动水平，国家发展改革委、体育总局、教育部、国务院足球改革发展部际联席会议办公室（中国足球协会）共同编制了《全国足球场地设施建设规划（2016—2020年）》。经国务院足球改革发展部际联席会议原则同意，现印发你们，请抓紧组织实施。 附件：全国足球场地设施建设规划（2016—2020年）

国家发展改革委

体育总局

教育部

国务院足球改革发展部际联席会议办公室（中国足球协会代章）

2016年5月9日

全国足球场地设施建设规划（2016—2020 年）

为进一步满足群众体育健身需求，普及推广足球运动，全面振兴中国足球和建设体育强国，根据《国务院关于加快发展体育产业 促进体育消费的若干意见》（国发〔2014〕46号）、《中国足球改革发展总体方案》（国办发〔2015〕11号）和《中国足球中长期发展规划》（发改社会〔2016〕780号），制定本规划。

一、规划背景

足球运动是具有广泛影响的世界性运动，深受广大人民群众喜爱。随着人民生活水平不断提高，体育健身意识不断增强，足球运动在我国快速发展，已经成为全民健身的重要组成部分，对于提高国民素质，丰富精神文化生活，发展体育产业，实现体育强国梦具有重要意义。

足球场地设施是发展足球运动的物质基础和必要条件，但目前我国现有足球场地设施与广大人民群众的足球运动需求不相适应。截至2013年底，全国拥有较好条件的足球场地1万余块，平均约13万人拥有一块足球场地，与足球发达国家存在较大差距。

当前，我国正处于新型城镇化建设的关键时期，体育设施建设迎来难得的发展机遇，科学规划建设足球场地设施，有利于增加足球场地有效供给，夯实足球运动发展基础，普及足球运动，提高足球运动水平。

二、指导思想和基本原则

（一）指导思想

以邓小平理论、"三个代表"重要思想、科学发展观为指导，全面贯彻党的十八大和十八届二中、三中、四中、五中全会精神，深入学习贯彻习近平总书记系列重要讲话精神，推动落实"四个全面"战略布局，把足球场地设施作为重要民生工程和中国足球振兴的基础性工程，调动全社会力量共同参与，有效增加供给，增强公益性，提高可及性，为足球运动在全国蓬勃发展奠定坚实的物质基础。

（二）基本原则

——面向基层、服务群众。以群众健身、足球普及为导向，以校园和社区为重点，积极建设群众身边的足球场地设施，大幅提高场地设施的覆盖率，方便城乡居民就近参与足球运动。

——因地制宜、分类指导。充分考虑区域内人口数量及分布、自然环境特点和现有体育设施资源等因素，合理布点布局，科学确定足球场地数量、类型及标准。

——政府引导、多方参与。强化政府在规划、政策、标准和投入方面的责任，充分调动社会力量积极性，积极引导社会资本参与设施建设和运行。

——建管并重、提高效益。既要努力增加供给，又要盘活存量资源，既要注重硬件建设，又要注重运行管理，不断提高足球场地设施利用效率。

三、目标和任务

本规划所指足球场地包括5人制、7人制（8人制）和11人制场地；标准场地指11人制足球场。

（一）建设目标

到2020年，全国足球场地数量超过7万块，平均每万人拥有足球场地达到0.5块以上，有条件的地区达到0.7块以上。足球设施的利用率和运营能力有较大提升，经济社会效益明显提高，初步形成布局合理、覆盖面广、类型多样、普惠性强的足球场地设施网络。

（二）建设任务

全国建设足球场地约6万块。

——修缮改造校园足球场地 4 万块。坚持因地制宜，逐步完善，充分利用现有条件，每个中小学足球特色学校均建有1块以上足球场地，有条件的高等院校均建有1块以上标准足球场地，其他学校创造条件建设适宜的足球场地。

——改造新建社会足球场地2万块。除少数山区外，每个县级行政区域至少建有2个社会标准足球场地，有条件的城市新建居住区应建有1块5人制以上的足球场地，老旧居住区也要创造条件改造建设小型多样的场地设施。

——完善专业足球场地。新建2个国家足球训练基地。依托现有设施，建设一批省级足球训练基地。鼓励职业俱乐部完善各梯队比赛和训练场地。

四、建设方式和资金来源

（一）建设方式

——综合利用。立足整合资源，充分利用体育中心、公园绿地、闲置厂房、校舍操场、社区空置场所等，拓展足球运动场所。

——修缮改造。立足改善质量，对农村简易足球场地进行改造，支持学校和有条件的城市社区改善设施水平。

——新建扩容。立足填补空白，将足球场地设施建设纳入城乡规划、土地利用总体规划和年度用地计划，合理布局布点，在缺乏足球场地的中小学校、城乡社区加快建设一批足球场地。

（二）资金筹措

——加大公共财政投入。地方政府安排财政性资金，支持基础性、公益性足球场地设施建设,中央财政通过现有资金渠道予以补助。

——吸引社会资本投入。鼓励企业、个人和境外资本投资建设、运营足球场地,支持社会力量捐资建设各类足球场地。

——推动政府和社会资本合作。采取公建民营、民办公助、委托管理、ppp等方式,因地制宜建设足球场地设施。

五、开放利用

——校园场地开放。在确保正常教学秩序和校园安全的前提下,加快推动校园场地在课余时间向学生开放、向社会开放,建立学校和社区场地资源共享机制,显著提高校园场地综合利用率。

——公共体育设施开放。坚持以公益性为导向,政府投资兴建的足球场地应免费或低收费向社会开放。

——其他社会场地开放。引导厂矿企业、机关事业单位等所属的足球场地设施向社会开放。通过政府购买服务等方式引导营利性场地设施为群众健身服务。鼓励职业俱乐部以适当形式开放场地,供训练、比赛和参观学习。

——场地设施高效利用。建立场地设施的长效运营机制,明确校园和公共足球场地开放的条件和要求,对设施状况、开放时间、收费价格等予以公开明示。

六、组织实施

(一)建立工作机制

各地要充分认识加强足球场地设施建设的重要性,将足球场地设施建设纳入当地国民经济和社会发展规划,成立政府领导负责,发展改革、体育、财政、国土资源、住房城乡建设、教育、税务、足协等部门参加的规划实施领导小组,切实加强沟通协调,共同推动足球场地设施建设。

(二)编制地方规划

各地根据本规划要求编制足球场地设施建设规划,建立项目储备库,明确分年度建设目标任务、时间进度、责任主体,落实资金渠道,抓好项目建设,确保工程质量。

(三)抓好政策落实

各地要建立稳定的足球场地设施建设投入保障机制,确保建设用地供给,落实体育设施建设和运营税费减免政策,执行好水、电、气、热等方面的价格政策。拓宽投

融资渠道，支持社会资本建设足球场地。加强足球场地建设运营和管理人才培养。

（四）强化监督检查

各地要加强工作绩效考核，确保责任到位、任务落实，及时开展对足球场地设施建设规划实施情况的监督检查，引入第三方评估机制，接受社会群众监督。国家发展改革委、教育部、体育总局、全国足球改革发展部际联席会议办公室（中国足球协会）等部门负责本规划的监督检查。

附录 5

关于加快发展青少年校园足球的实施意见

教育部等 6 部门关于加快发展青少年校园足球的实施意见

（教体艺［2015］6 号）

各省、自治区、直辖市教育厅（教委）、发展改革委、财政厅（局）、新闻出版广电局、体育局、团委：

加快发展青少年校园足球是贯彻党的教育方针、促进青少年身心健康的重要举措，是夯实足球人才根基、提高足球发展水平和成就中国足球梦想的基础工程。近年来，校园足球事业取得了积极进展，体制机制不断完善，发展模式不断创新，校园足球定点学校达到 5 000 多所，举办各种比赛 10 万多次，青少年足球人口不断扩大。但总体上看，校园足球发展还比较缓慢，发展不平衡，存在普及面不广、竞赛体系不健全、保障能力不足等问题。为进一步落实深化教育领域综合改革总体要求和《中国足球改革发展总体方案》，现就加快发展青少年校园足球提出以下意见：

一、总体要求

（一）指导思想

把发展青少年校园足球作为落实立德树人根本任务、培育和践行社会主义核心价值观的重要举措，作为推进素质教育、引领学校体育改革创新的重要突破口，充分发挥足球育人功能，遵循人才培养和足球发展规律，理顺管理体制，完善激励机制，优化发展环境，大力普及足球运动，培育健康足球文化，弘扬阳光向上的体育精神，促进青少年身心健康、体魄强健、全面发展，为提升人口素质、推动足球事业发展、振奋民族精神提供有力支撑。

（二）基本原则

坚持改革创新。深化体制机制改革，加强顶层设计，强化政策、标准和项目引导，在重点领域和关键环节取得突破，增强青少年校园足球发展活力。

坚持问题导向。树立科学发展理念，破解发展难题，转变发展方式，加强基础

条件和基础工程建设，持久用力、久久为功，促进青少年校园足球健康发展。

坚持统筹协调。以政府为主导，学校为主体，鼓励社会参与，整合多种资源，完善支持政策，形成青少年校园足球发展合力。

坚持因地制宜。立足当前实际，着眼长远发展，充分利用现有基础，不断创造良好条件，鼓励探索多样化的青少年校园足球发展模式。

（三）工作目标

到2020年，基本建成符合人才成长规律、青少年广泛参与、运动水平持续提升、体制机制充满活力、基础条件保障有力、文化氛围蓬勃向上的中国特色青少年校园足球发展体系。

普及程度大幅提升。学校普遍开展足球运动，学生广泛参与足球活动，校园足球人口显著增加，学生身体素质、技术能力和意志品质明显提高，形成有利于大批品学兼优的青少年足球人才脱颖而出的培养体系。支持建设2万所左右青少年校园足球特色学校，2025年达到5万所。重点建设200个左右高等学校高水平足球运动队。

教学改革更加深入。形成内容丰富、形式多样、因材施教的青少年校园足球教学体系，课程设置、教学标准、教材教法和教学资源等教学要素更加衔接配套，校园足球教学质量明显提升。

竞赛体系更加完善。形成赛事丰富、赛制稳定和赛纪严明的青少年校园足球竞赛体系，球队建设、课余训练、赛事运行等更加规范高效，校园足球运动水平稳步提高。

条件保障更加有力。师资配备补充、培养培训、评价机制和激励措施等更加多样有效，完成5万名青少年校园足球专兼职教师的一轮培训；鼓励学生习练足球的综合评价体系更加健全；场地设施和运动安全管理更加完善，财政资金和社会资本多元投入，形成青少年校园足球持续发展保障体系。

二、重点任务

（一）提高校园足球普及水平

加强统筹推进普及。统筹城乡区域布局，统筹各级各类学校，统筹各类社会资源，鼓励有基础的地方和学校探索实践，加大对农村学校帮扶力度，着力扩大校园足球覆盖面。鼓励支持各年龄段学生广泛参与，积极开展青少年女子足球运动，让更多青少年体验足球生活、热爱足球运动、享受足球快乐。以普及校园足球示范带动校园田径、篮球、排球等其他体育运动项目发展。

扶持特色引领普及。遴选一批全国青少年校园足球特色学校，重点建设一批普通高等学校高水平足球运动队，支持其加强建设、深化改革、提高水平和办出特色，发挥其在发展青少年校园足球中的骨干、示范和带动作用。鼓励有条件的地方创建全国青少年校园足球试点县和足球综合改革试验区，先行先试，积累经验，整体推进青少年校园足球发展。

培育文化巩固普及。把开展竞赛、游戏等形式多样的足球活动作为校园文化建设的重要内容，让足球运动融入学生生活、扎根校园。大力发展学生足球社团。鼓励学校充分利用互联网和新媒体搭建信息平台，报道足球活动、交流工作经验、展示特色成果，营造有利于青少年校园足球发展的良好文化氛围。

（二）深化足球教学改革

各级各类学校要把足球列入体育课教学内容，积极推进足球教学模式的多样化。鼓励有条件的学校开展以足球为特色的"一校一品"体育教学改革。足球特色学校可适当加大学时比重，每周至少安排一节足球课，不断提高教学质量。要科学统筹足球教学与其他学科教学，在课时分配、教师配备、教学管理、绩效评价等方面为足球教学改革创造良好条件。发布青少年校园足球教学指南、学生足球运动技能等级标准，规范指导校园足球教学。建设全国青少年校园足球教学资源库，鼓励各地各校因地制宜采取多种方式开发共享高质量的足球教学资源，逐步实现优质足球教学资源全覆盖。依托有条件的单位建立校园足球运动研究基地，加强理论与实践研究，提升校园足球运动发展的科学化水平。

（三）加强足球课外锻炼训练

要把足球运动作为学校大课间和课外活动内容，鼓励引导广大学生"走下网络、走出宿舍、走向操场"，积极参加校外足球运动。有条件的学校要建立班级、年级和校级足球队。鼓励组建女子足球队。妥善处理好学生足球训练和文化学习之间的关系。教育部门会同体育等部门指导学校制定科学的校园足球训练计划，合理组织校园足球课余训练，为喜欢足球和有足球潜能的学生提供学习和训练机会。

（四）完善校园足球竞赛体系

开展丰富多样的赛事。各地各校要广泛开展多样化的足球竞赛活动，形成"校校参与、层层选拔、全国联赛"的足球竞赛格局。要组织小学低年级学生参加趣味

性足球活动。从小学3年级以上到初高中学校，要组织班级、年级联赛，开展校际邀请赛、对抗赛等竞赛交流活动。高等学校组织开展院系学生足球联赛和校际交流活动等。鼓励学校参加社会组织举办的足球赛事和公益活动，加强与国际组织和专业机构的交流合作，组织或参与国际青少年足球赛事活动。

形成稳定规范的赛制。规范竞赛管理，构建包括校内竞赛、校际联赛、区域选拔在内的青少年校园足球竞赛体系。建成纵向贯通、横向衔接和规范有序的高校、高中、初中、小学四级青少年校园足球联赛机制。实行赛事分级管理，建立县级、地市级、省级和国家级青少年校园足球竞赛制度。小学阶段联赛范围原则上不超出地市，初中阶段联赛范围原则上不超出省（区、市）。高校足球竞赛成绩要纳入高校体育工作考核评价体系。从2015年起，各地教育部门要按照全国青少年校园足球竞赛方案，依托行业组织、专业机构或社团等分级组织实施本地竞赛活动。注重校园足球赛事与职业联赛、区域等级赛事、青少年等级赛事的有机衔接。

维护公正严明的赛纪。完善竞赛监督制度，使足球成为青少年学生体验、适应社会规则和道德规范的有效途径。提倡公平竞赛，安全竞赛，文明竞赛，完善裁判员公正执法、教练员和运动员严守赛风赛纪的约束机制。规范青少年观赛行为，引导他们遵纪守法、文明观赛，形成良好的青少年校园足球竞赛风气。

（五）畅通优秀足球苗子的成长通道

各地要注重发现、选拔和重点培养学生足球运动苗子，认真组建本地学生足球代表队，开展多种形式的集训、比赛和交流活动。有条件地方的体育、教育部门联合创建青少年足球训练中心，为提高学生足球运动水平提供综合服务。组织全国性校园足球夏（冬）令营，聘请国内外高水平教练集中培训各地选送的优秀学生足球运动员。建立教育、体育和社会相互衔接的人才输送渠道，拓宽校园足球学生运动员进入国家足球后备人才梯队、有关足球职业俱乐部和选派到国外著名足球职业俱乐部的通道。依托全国学生学籍管理系统，建立全国青少年校园足球工作管理信息系统，动态监测学生学习、升学和流动情况，并提供相应支持服务。研究制定学生足球运动员注册管理办法。

三、保障措施

（一）加强师资队伍建设

多渠道配备师资。各地要采取多种方式，配足补齐校园足球教师。制订校园足球兼职教师管理办法，鼓励专业能力强、思想作风好的足球教练员、裁判员，有足球特长的其他学科教师和志愿人员担任兼职足球教师。完善政策措施，创新用人机制，为退役运动员转岗为足球教师或兼职足球教学创造条件。建立教师长期从事足球教学的激励机制。

多方式培养培训师资。加强体育教育专业建设，鼓励学生主修、辅修足球专项，培养更多的合格足球教师。制定校园足球教师培训计划，开发相关培训资源，组织开展足球教师教学竞赛、经验交流和教研活动，着力提升足球教师教学实践能力和综合职业素养。2015年起，组织开展国家级青少年校园足球骨干师资专项培训。各地要结合实际开展多种方式的教师培训。联合行业组织，聘请国内外高水平足球专家培训校园足球教师、教练员、裁判员。选派部分优秀青少年校园足球工作管理人员、教师、教练员、裁判员到国外参加专业培训和交流活动。

（二）改善场地设施条件

加快场地设施改造建设。各地要把校园足球活动的场地建设纳入本行政区域足球场地建设规划，纳入城镇化和新农村建设总体规划，按照因地制宜、逐步改善的原则，加大场地设施建设力度，创造条件满足校园足球活动要求。鼓励建设小型多样化足球场地设施。在现有青少年培养、实践基地建设中，规划和建设好足球场地设施。

推动场地设施共建共享。各地要统筹体育场地设施资源的投入、建设、管理和使用，鼓励各地依托学区建立青少年足球活动中心，同步推进学校足球场地向社会开放和社会体育场地设施向学校开放，形成教育与体育、学校与社会、学区与社区共建共享场地设施的有效机制。

（三）健全学生参与足球激励机制

把足球学习情况纳入学生档案，作为学生综合素质评价的参考。加强足球特长生文化课教学管理，完善考试招生政策，激励学生长期积极参加足球学习和训练。允许足球特长生在升学录取时合理流动，获得良好的特长发展环境。研究完善高校高水平足球队管理办法和招生政策，增加高校高水平足球运动队数量，适度扩大招

生规模。拓展青少年出国交流机会，经过选拔推荐可以参加国际校园足球赛事和交流活动。

（四）加大经费支持力度

各地应当加大对青少年校园足球的投入，统筹相关经费渠道对校园足球改革发展给予倾斜。探索建立政府支持、市场参与、多方筹措支持校园足球发展的经费投入机制。各地要优化教育投入结构，积极创造条件，因地制宜逐步提高校园足球特色学校经费保障水平，支持学校开展足球教学、训练和比赛。

（五）完善安全保险制度

各地要加强校园足球运动伤害风险管理，制定安全防范规章制度，加强运动安全教育、检查和管理，增强学生的运动安全和自我保护意识。完善保险机制，推进政府购买服务，提升校园足球安全保障水平，解除学生、家长和学校的后顾之忧。

（六）鼓励社会力量参与

各地要加大规划、政策、标准引导力度，多渠道调动社会力量支持校园足球发展的积极性。充分发挥职业足球俱乐部、足球学校、体育运动学校在人才培养方面的积极作用，鼓励有条件的体育俱乐部、企业及其他社会组织联合开展有利于校园足球发展的公益活动。完善相关政策，引导社会资本进入校园足球领域。在中国教育发展基金会设立青少年校园足球发展基金，多渠道吸收社会资金。创新校园足球利用外资方式，有效利用境外直接投资、国际组织、外国政府以及其他组织的支持。

四、组织领导

（一）充分发挥全国青少年校园足球工作领导小组作用

教育部门应履行好青少年校园足球主管责任，负责校园足球的统筹规划、宏观指导和综合管理。体育部门发挥人才和资源优势，加强技术指导、行业支持和相关服务。发展改革部门负责统筹场地设施规划与实施。财政部门负责制定推动校园足球工作的相关支持政策。宣传部门加大宣传支持力度，统筹营造社会舆论氛围。共青团系统负责组织或者参与开展校园足球文化活动。教育督导部门要将校园足球纳入教育督导指标体系，制定校园足球专项督导办法，定期开展专项督导。领导小组办公室要配齐配强工作人员，做好日常管理工作，执行领导小组决策、协调成员单位积极推动各项任务落实。成立全国青少年校园足球专家委员会，加强对校园足球的指导。

（二）把发展青少年校园足球纳入重要工作日程

各地要高度重视青少年校园足球工作，加强领导，精心组织，参照全国青少年校园足球工作领导小组组织模式，建立相应工作机制，制定本地区青少年校园足球发展规划，实施青少年校园足球发展项目，明确支持政策，增强管理能力，提升服务水平。鼓励各地成立青少年校园足球协会，承担本地校园足球的具体工作。加强青少年校园足球工作质量监测，定期发布全国和各地区青少年校园足球发展水平报告。

（三）优化发展青少年校园足球舆论环境

大力宣传发展青少年校园足球发展理念、育人功能，校园足球文化和先进经验做法，及时报道和播出学生足球赛事，鼓励影视行业和企业拍摄有关校园足球题材影视作品，在广大青少年中掀起爱足球、看足球、踢足球的热潮，在全社会营造关心、支持校园足球发展的良好氛围。

教育部　国家发展改革委　财政部

新闻出版广电总局　体育总局　共青团中央

2015年7月22日

附录 6

全国校园足球特色学校基本标准（试行）

（教体艺厅函〔2014〕46 号，附件 1)

根据加快发展和普及校园足球的精神，为确保校园足球特色学校遴选工作规范有序开展，特制定本标准，请遵照执行。

一、组织领导

1. 落实国家政策。学校高度重视学校体育和学生体质健康，按照体育与健康课程标准及有关规定开展体育教学和校园足球工作。

2. 纳入发展规划。将校园足球纳入学校发展规划和年度工作计划，并严格执行。

3. 健全工作机制。建立在校长领导下，学校有关部门共同参加的校园足球工作领导小组，具体指导本校校园足球工作的开展。

4. 完善规章制度。学校制定有校园足球工作组织实施、招生、教学管理、课余训练和竞赛、运动安全防范、师资培训、检查督导等方面的规章制度和工作制度，并且不断完善。

二、条件保障

1. 配齐配强体育师资。在核定编制总量内配齐体育教师，能满足教学工作需求，并至少有一名足球专项体育教师。每年能提供一次体育师资参加培训机会，学校定期开展体育教学研究，不断提高体育教师教学技能。

2. 落实体育教师待遇。体育教师开展体育教学和足球训练和活动要计入工作量。保证体育教师在评优评比、工资待遇、职务评聘等方面享受同等待遇。

3. 场地设施建设完备。场地设施、器械配备基本达到国家标准，能满足体育工作的需求，不断得到补充，并建设有适合学校条件的足球场地，足球及基本训练竞赛器材数量充足。

4. 体育经费保障充足。设立有体育工作专项经费，纳入学校年度经费预算，原则上年生均体育教育经费不低于10%，保证体育和校园足球工作的正常开展。在为学生实施校方责任险的基础上，为学生新增购买运动意外伤害险。

三、教育教学

1. 教学理念先进。深化学校体育改革，坚持健康第一，把足球作为立德树人的载体，积极推进素质教育，促进学生全面发展，健康成长。

2. 保证体育时间。按照国家要求，开足开齐体育课，保证学生每天一小时校园体育活动；义务教育阶段学校把足球作为体育课的必修内容，每周用一节体育课进行足球教学；高中阶段学校开设足球选修课；足球运动纳入大课间或课外活动。

3. 开发足球课程资源。根据国家校园足球教学指南，因地制宜，开发和编制足球校本教材，实施适合学生年龄特点的足球教学和课外活动。

4. 营造校园足球文化。经常开展以足球为主题的校园文化活动（如摄影、绘画、征文、演讲等）。建立基于互联网的校园足球信息平台，动态报道足球活动、交流工作经验、展示特色成果。

四、训练与竞赛

1. 成立足球组织。学校有足球俱乐部或兴趣小组，吸纳有兴趣的学生参与足球活动。小学三年级以上建有班级、年级代表队，学校建有校级男、女足球代表队；学生基本达到全员参与足球。

2. 开展科学训练。学校制定有系统、科学的训练计划，常年开展课余足球训练，注重提高训练效益，并配备有安全、医疗等应急方案。定期邀请校外专业教练员提供技术指导。

3. 建立竞赛制度。不断完善校内足球竞赛制度、并趋于稳定；每年组织校内足球班级联赛、年级挑战赛，每个班级参与比赛场次每年不少于10场；积极参加校园足球联赛；主动承办本地足球比赛。

4. 支持学生发展。鼓励有天赋、有潜力学生参与校外足球训练、培训和比赛，并积极向上级特色学校及各级各类足球优秀运动队输送人才，为学生提高足球竞技水平和运动能力创造条件。

参考文献

[1] Breuer. C, Pawlowski. T, Hovemann. A, 金睿. 试析欧洲足球冠军联赛中的"竞争平衡"[J]. 体育科学, 2009, 29(4): 3-16.

[2] Kurscheidt Markus, Rahmann Bernd. Local Investment and National Impact: The Case of the Football World Cup 2006 in Germany[C]. C. Jeanrenaud. The Economic Impact of Sport Events, Neuchâtel: Editions CIES, 1999: 79-108.

[3] The Football Association, The History of The FA[EB/OL]. http: //www. thefa. com/about-football-association/history#3fjHHxxRm2Ahj34l. 99, 2016-03-15.

[4] "qiuwang309". 为什么把足球称为"世界第一运动"[Z/OL]. http: //bbs. zhibo8. cc/thread-1050214-1-1. html, 2013-1-21.

[5] 包晗. 业余足球俱乐部的社会作用及其发展对策研究——以南京市为例[D]. 南京: 南京师范大学, 2012.

[6] 鲍明晓. 我国足球运动管理改革的经验与问题[J]. 体育文化导刊, 2009, (7): 1-4, 11.

[7] 陈彬彬. 中欧职业足球俱乐部产业化发展现状对比研究[D]. 武汉: 华中师范大学, 2014.

[8] 陈倩. 世界足球强国与中国足球训练课模式及其方法理论的比较研究[D]. 重庆: 西南大学, 2008.

[9] 陈青, 于振峰. 论体育与人的全面发展[J]. 西安体育学院学报, 2000, (7): 84-86.

[10] 陈宜泽. 中国和英格兰职业足球管理体制的比较研究[D]. 北京: 北京体育大学, 2006.

[11] 陈勇军. 欧洲足球冠军联赛研究[J]. 体育文化导刊, 2014, (4): 99-102.

[12] 程隆, 张忠. 日本足球青训的发展及其启示[J]. 体育文化导刊, 2014, (7): 95-98.

[13] 崔珣丽, 田慧. 英国足球与英国文化[J]. 中国体育科技, 2010, 46(4): 60-63.

[14] 董新风, 杨世东. 法国足球管理体制与运行体制探析[J]. 山西师大体育学院学报, 2011, 26(2): 99-102.

[15] 范海龙. 中日德足球后备人才培养模式比较研究[D]. 上海: 上海师范大学, 2013.

[16] 耿家先. 中外职业足球管理体制比较研究[D]. 新乡: 河南师范大学, 2011.

[17] 宫乐贞. 我国职业足球俱乐部产业发展研究[D]. 山东: 山东师范大学, 2005.

[18] 郭宏. 20世纪初英国足球的产业化[J]. 南都学坛(自然科学版), 2001, 21 (6): 81-83.

[19] 贺琳. 《足球》报大型系列专题——《中国足球人口调查》个案研究[J]. 山西师大体育学院学报研究生论文专刊, 2006, (21): 42-44.

[20] 侯觉明. 中国足球超级联赛电视转播现状研究[D]. 北京: 首都体育学院, 2011.

[21] 侯志涛. 中、日、德三国青少年男子足球培养模式的比较分析[D]. 北京: 北京体育大学, 2011.

[22] 侯志涛, 陈效科. 中德青少年足球培养比较分析[J]. 体育文化导刊, 2014, (8): 149-152.

[23] 黄明. 中、欧职业足球俱乐部管理体制的比较研究[D]. 武汉: 武汉体育学院, 2009.

[24] 黄世席. 国际体育仲裁制度研究[D]. 武汉: 武汉大学, 2004.

[25] 姜中介. VC化球员[N]. 二十一世纪商业评论, 2014-9-12.

[26] 蒋铮璐. 影响我国群众性足球运动普及的主要因素研究[D]. 武汉: 武汉体育学院, 2007.

[27] "李德慧"等多人. 足球为什么成为世界第一运动？是如何成为的？[Z/OL]. http://www. zhihu. com/question/19569973, 2011-03-03.

[28] 李瀚宇. 中超职业足球俱乐部后备足球人才培养研究——以山东鲁能泰山足球俱乐部培养为例[D]. 济南: 山东体育学院, 2013.

[29] 李晓龙. 职业足球联盟的兴起与发展研究[D]. 济南: 山东师范大学, 2007.

[30] 李岩. 德国足球协会天才球员发展计划效果评估[J]. 体育与科学, 2012, 33(3): 52-56.

[31] 李元春. 规规矩矩做事开开心心生财 日本足球俱乐部扫描[N]. 新民晚报, 2005-01-04.

[32] 李玥. 中国足球治理与发展策略研究[D]. 天津: 天津大学, 2008.

[33] 李云广. 日本足球职业化管理体制研究[D]. 北京: 北京体育大学, 2013.

[34] 李云广. 中日足球职业化管理体制对比研究[J]. 沈阳体育学院学报, 2013, 32(3): 36-39.

[35] 李云广, 张廷安. 日本职业足球发展战略[J]. 北京体育大学学报, 2015, 38(1): 132-144.

[36] 廖娟. "黑哨"问题的社会法探析[D]. 兰州: 兰州大学, 2006.

[37] 梁斌. 英国足球俱乐部收入结构发展研究——从"公共效益最大化"到"资本利润最大化"[J]. 中国体育科技, 2012, 48(5): 21-26.

[38] 刘常伟. 蹴鞠与"英国古代民间足球"的起源与演变研究[C]. 中国会议. 第八届全国体育科学大会论文摘要汇编(二). 北京: 中国体育科学学会, 2007: 611-612.

[39] 刘鸿优, 易清. 对欧洲足球四大联赛特征刻板印象的实证探究[J]. 中国体育科技, 2014.

[40] 刘捷. 欧洲足球五大联赛电视转播权的国际政治经济学分析[J]. 广州体育学院学报, 2014, 34(2): 30-33.

[41] 罗浏虎. 职业足球运动员第三方所有权的法律规制[J]. 体育科学, 2015, 35(4): 91-97.

[42] 罗文浩. 球星梦工厂——盘点世界杯各国青训制度[J]. 企业导报, 2014, 12: 40.

[43] 马阳. 德国电视媒体促进德国足球发展的举措及其启示[J]. 体育学刊, 2012, 19(6): 74-78.

[44] 聂柏其. 我国足球裁判员管理现状与对策研究[D]. 长春: 东北师范大学, 2007.

[45] 聂啸虎. 德国足球改革的重要举措[J]. 体育文化导刊, 2003, 1: 55-56.

[46] 裴永杰. 中韩职业足球联赛体系的比较研究[D]. 吉林: 延边大学, 2012.

[47] 彭伟. 欧洲足球发达国家男子青少年训练理念对我国男子青少年足球训练的启示[D]. 四川: 四川师范大学, 2007.

[48] 朴大源. 中韩足球后备人才培养的比较研究[D]. 长春: 东北师范大学, 2009.

[49] 朴宇一. 中日韩足球教练员培训管理制度的比较研究[D]. 延吉: 延边大学, 2010.

[50] 浦义俊. 桑巴足球发展简论[J]. 体育文化导刊, 2013, (11): 77-80.

[51] 浦义俊, 郑学增, 邰崇禧. 阿根廷足球文化特质的形成及其启示[J]. 体育文化导刊,
2014, (9): 97–100.

[52] 秦秀红. 2010年南非世界杯对南非经济发展的影响[J]. 考试周刊, 2014, (41): 147.

[53] 秦永波. 中外职业足球管理体制对比分析[J]. 河南教育学报, 2012, 21(1): 85–87.

[54] 邱希, 曾庆欢. 西班牙足球甲级联赛研究[J]. 体育文化导刊, 2014, (1): 96–99.

[55] 任春刚. 世界主要足球强国后备人才培养模式及启示[J]. 沈阳体育学院学报,
2011, 30(6): 117–120.

[56] 任慧一. 我国古代蹴鞠组织建立的历史背景[C]. 济宁学院2012年青年科研基金
项目. 体育文化遗产论文集. 北京: 中国体育科学学会, 2014: 233–237.

[57] 阮刚. 足球管理体制现状及改革的内在动因分析[J]. 中国科技信息, 2008, (5):
232–233.

[58] 申宇恒. 国内外职业足球俱乐部经营管理的比较研究[J]. 消费导刊: 管理视野,
2008, (7): 109.

[59] 沈佳, 何琛珏, 严学军. 欧洲与南美职业足球俱乐部青少年培训模式的比较研究
[J]. 中国体育科技, 2009, 45(3): 38–42.

[60] 时卫东, 潘日春, 董志江, 王民享. "北理工模式"培养我国高素质足球人才研究
[J]. 中国体育科技, 2009, 45(4): 62–67.

[61] 斯力格, 张剑头. 青少年足球运动核心价值体系的建构[J]. 沈阳体育学院学报,
2010, (2): 110–113.

[62] 孙岱霖. 哥斯达黎加, 奇迹背后……[N]. 足球俱乐部, 2014.

[63] 孙革. 建国以来我国足球运动改革发展的回顾与反思[J]. 运动, 2009, (4): 1–6.

[64] 孙克诚, 何志林, 董众鸣. 国外足球强国后备人才培养路径与启示[J]. 南京体育学
院学报, 2011, 25(5): 108–111.

[65] 谭华, 杨俊涛. 中国的职业足球联赛与足球改革[J]. 体育文化导刊, 2008, (1):
59–62.

[66] 王波, 张忠林, 李生民. 足球俱乐部盈利模式分析[J]. 广州体育学院学报, 2003,
23(6): 31–33.

[67] 王崇喜, 等. 球类运动——足球[M]. 北京: 高等教育出版社, 2014.

[68] 王冬舟, 朱军凯. 从FIFA排名反思中国足球落后的症结[J]. 体育, 2010, (1): 147-148.

[69] 王钢. 中国、日本职业足球俱乐部联赛制的比较研究[D]. 南京: 南京师范大学, 2013.

[70] 王剑. 中英足球青少年训练理念、方法的比较[J]. 科技信息: 学术版, 2008, (9): 19-23.

[71] 王金鲁. 中外足球联赛电视转播权开发比较分析——以英超联赛和日本J联赛为例[D]. 上海: 上海体育学院, 2014.

[72] 王军. 21世纪世界女足竞技实力分析和展望[J]. 山东体育学院学报, 2011, 27(12): 70-75.

[73] 王军红. 足球俱乐部经营模式的对策研究[J]. 科技信息: 学术版, 2008, (28): 233-235.

[74] 王亮. 中国足球竞弱性根源的系统解析及对策研究[D]. 曲阜: 曲阜师范大学, 2009.

[75] 王亮. 中国足球文化现状和发展策略研究[D]. 扬州: 扬州大学, 2011.

[76] 王琳. 南美足球文化研究[D]. 北京: 北京体育大学, 2010.

[77] 王敏. 英国足球文化[D]. 上海: 上海外国语大学, 2004.

[78] 王朋涛. 对日本足球后备力量培养状况的研究[J]. 辽宁体育科技, 2003, 25(2): 17-19.

[79] 王晓军. 中外职业足球俱乐部产业对比分析[J]. 体育科技文献通报, 2006, 14(10): 43-45.

[80] 网易体育. 日本足球崛起联赛为本[N]. 2011, 171: http: //sports. 163. com/special/japan1/, 2016-02-20.

[81] 魏斌. 对当代足球精神的诠释[D]. 武汉: 武汉体育学院, 2007.

[82] 吴兵成. 论我国足球管理体制改革[D]. 南京: 南京大学, 2009.

[83] 吴建喜, 李可可. 巴西足球运动发展及对我国的启示[J]. 北京体育大学学报, 2015, 38(4): 136-140.

[84] 吴瑾. 日韩模式对我国职业足球运行构架的借鉴研究[D]. 南京: 南京大学, 2011.

[85] 吴夕东. 阿根廷青少年足球后备人才培训模式探究[J]. 运动, 2010, (16): 35-36.

[86] 吴义华, 周爱光. 英格兰足球转会制度的发展和劳工证的作用[J]. 体育学报, 2003, 10(6): 130-133.

[87] 谢新胜. 巴西体育法的发展及对我国职业足球管理制度的启示[J]. 河北法学, 2005, 23(11): 127-130.

[88] 徐进. 南美俱乐部经营揭秘(上)巴西篇: 混乱与腐败齐飞[N]. 足球俱乐部, 2001.

[89] 徐望春. 中荷青少年足球训练理念的差异性研究[D]. 武汉: 武汉体育学院, 2008.

[90] 徐一博. 世界足球区域格局及其文化背景的研究[D]. 上海: 上海体育学院, 2010.

[91] 许荣奎, 潘绍伟. 中德足球后备人才培养体制的比较研究[J]. 浙江体育科学, 2009, 31(2): 34-36.

[92] 颜中杰. 我国职业足球俱乐部后备人才培养现状与发展对策研究——以中超足球俱乐部为例[D]. 上海: 上海体育学院, 2009.

[93] 杨磊. 影响中国足球职业联赛发展的主要因素分析及对策研究[D]. 南京: 南京师范大学, 2008.

[94] 杨世东, 段博文, 杨祖辉. 法国足球管理研究[J]. 体育文化导刊, 2011, (3): 21-25.

[95] 杨铄, 郑芳, 丛湖平. 欧洲国家职业足球产业政策研究——以英国、德国、西班牙、意大利为例[J]. 体育科学, 2014, 34(5): 75-88.

[96] 杨一民. 欧洲经验与中国足球业务管理反思[J]. 体育文化导刊, 2006, (12): 10-13.

[97] 杨一民. 对我国足球领域若干问题的初步探讨[J]. 体育科学, 2006, 26(9): 72-74, 95.

[98] 杨志荣. 中国与欧洲足球俱乐部运行机制的对比研究[J]. 当代体育科技, 2013, 3(03): 97.

[99] 俞宏光. 德国足球发展研究[J]. 体育文化导刊, 2013, (1): 144-148.

[100] 余晖. 足球改革的"知"与"行"[J]. 中国改革, 2000, (5): 15-17.

[101] 余佳红. 中日两国足球后备人才培养体系的比较研究[D]. 西安: 西安体育学院, 2010.

[102] 郁静, 李协荣, 潘红军. 韩国、日本、中国足球职业化发展的比较研究[J]. 北京体育大学学报, 2000, 23(4): 547-549.

[103] 郁静, 李协荣, 张丰涛. 中国足球管理体制深化改革探析[J]. 山东体育学院学报, 2001, 17(3): 22-23.

[104] 运快生, 金晓平. 日本足球运动迅速发展与崛起的原因探讨[J]. 北京体育大学学报, 2002, 25(4): 548-551.

[105] 张爱博. 英超足球联赛与中超足球联赛经营模式的比较研究[D]. 沈阳: 沈阳体育学院, 2013.

[106] 张斌. 德国青少年足球发展研究[J]. 体育文化导刊, 2014, (12): 142-145.

[107] 张晓媚, 佟仁城, 许健. 欧洲几种典型职业足球俱乐部盈利模式的分析[J]. 北京科技大学学报(社会科学版), 2005, 21(4): 122-126.

[108] 张程锋, 韩思音. 中德青少年足球人才培养体系比较[J]. 体育成人教育学刊, 2015, 31(1): 26-29.

[109] 张宏俊. 西班牙"拉玛西亚"足球青训培养体系解析[J]. 浙江体育科学, 2014, 36(1): 31-40.

[110] 张辉. 我国布局城市校园足球人才培养体系的研究[D]. 北京: 北京体育大学, 2011.

[111] 张俊斌. 欧洲足球五大联赛研究[J]. 体育文化导刊, 2012, (11): 66-70.

[112] 张楠. 论国际体育仲裁制度及对我国的启示[D]. 北京: 中国政法大学, 2006.

[113] 张宁. 中荷足球青少年训练模式的对比与分析[J]. 读与写杂志, 2014, 11(8): 259-260.

[114] 张庆春, 郭玉安, 刘文娟. 国外青少年足球训练理念研究[J]. 山东体育学院学报, 2008, 24(2): 79-81.

[115] 张瑞林, 等. 足球运动[M]. 北京: 高等教育出版社, 2010.

[116] 张扬. 中日两国职业足球联赛运行机制的比较研究[D]. 济南: 山东师范大学, 2013.

[117] 张宗友. 从中日体育文化差异看中国足球的本位回归[D]. 北京: 首都体育学院, 2015.

[118] 赵军. 西班牙足球发展研究[J]. 南京体育学院学报(自然科学版), 2013, 12(1): 58-62.

[119] 赵军. 德国职业足球发展研究[J]. 河北体育学院学报, 2014, 28(1): 61-64.

[120] 赵伟. 21世纪德国足球改革之路[J]. 辽宁体育科技, 2014, 36(6): 73-76.

[121] 中国青少年儿童足球训练大纲编写组. 中国青少年儿童足球训练大纲[M]. 北京: 人民体育出版社, 2013.

[122] 周驰, 龚波. 西方职业足球管理体制研究[J]. 武汉体育学院学报, 2012, 46(4): 23-27.

[123] 周敏. 日本青少年足球后备人才培养体系研究[J]. 运动, 2012, (51): 155-156.

[124] 朱宁. 日本足协"三位一体"强化体制中青少年培养模式[J]. 体育与科学, 2002, 23(4): 18-21.